SOPA DE LETRAS

de la Biblia

Libro 3

LETRA GRANDE

Publicado por Monsgo®
1218 Interstate Blvd. Florence, SC 29501, USA
Tel. + 1-843-319-4718
ayuda@monsgo.com
ISBN: 9781949206654

Producido por el personal de Monsgo®
Impreso en Colombia

1

Jeremías 10:1-10

S	N	W	Y	R	Q	C	E	S	E	Ñ	A	L	E	S
P	I	T	V	V	D	O	C	M	C	F	P	F	B	W
L	P	S	F	K	P	S	I	K	D	L	D	T	V	H
A	K	A	R	P	F	T	F	P	T	T	A	N	N	I
T	L	X	L	A	C	U	Í	Y	L	M	K	V	N	R
A	L	L	M	M	T	M	T	C	P	E	S	F	O	P
B	U	R	I	L	E	B	R	B	N	E	A	Í	Ú	S
O	Z	D	V	M	H	R	A	M	N	T	R	R	E	N
L	M	Z	X	T	M	E	A	O	U	E	P	U	S	P
L	R	A	D	V	T	S	I	A	D	U	Q	T	R	I
I	J	F	Z	Z	L	C	R	O	R	S	N	R	M	K
T	F	U	C	G	A	Á	P	A	O	C	X	L	X	M
R	M	L	T	N	N	K	N	B	V	T	M	X	K	D
A	N	E	N	T	O	N	T	E	C	E	R	Á	N	J
M	K	B	V	N	Ó	I	C	A	N	G	I	D	N	I

- ○ Artífice
- ○ Bosque
- ○ Buril
- ○ Clavos
- ○ Costumbres
- ○ Entontecerán
- ○ Indignación
- ○ Infatuarán
- ○ Israel
- ○ Martillo
- ○ Naciones
- ○ Palmera
- ○ Plata
- ○ Poderío
- ○ Púrpura
- ○ Señales
- ○ Tarsis
- ○ Ufaz

2

Oseas 11:1-11

T	N	L	D	C	N	W	F	B	T	P	N	P	Y	J
P	Í	L	X	M	N	Ó	Z	A	R	O	C	M	M	G
T	A	T	T	X	T	B	A	A	L	E	S	O	P	T
G	R	W	M	W	M	Q	P	C	Q	P	M	L	T	Y
J	F	H	S	I	N	A	B	T	N	I	D	C	C	O
V	E	S	O	A	L	X	O	R	S	W	O	V	E	D
B	L	B	O	O	D	T	K	Í	A	M	Q	H	R	N
W	E	Í	M	I	P	R	T	J	P	Z	X	V	V	A
Z	D	A	D	I	R	L	E	A	Z	A	O	R	I	L
L	T	P	G	O	A	E	S	U	W	M	K	S	Z	B
E	X	E	F	H	L	I	M	D	C	D	H	M	J	M
Ó	R	T	K	H	Ó	O	L	U	R	A	V	C	B	E
N	Q	N	G	N	K	T	S	K	H	M	D	R	D	T
D	T	Z	E	S	P	A	D	A	G	A	K	P	T	J
M	H	N	Ó	I	L	E	B	E	R	Y	S	L	N	R

- ○ Adma
- ○ Altísimo
- ○ Baales
- ○ Brazos
- ○ Cerviz
- ○ Compasión
- ○ Corazón
- ○ Cuerdas
- ○ Efraín
- ○ Egipto
- ○ Espada
- ○ Ídolos
- ○ León
- ○ Paloma
- ○ Rebelión
- ○ Sahumerios
- ○ Temblando
- ○ Zeboim

3

Daniel 1:6-17

M	T	N	S	C	C	P	T	D	M	L	Y	D	L	S
K	G	Ó	I	O	M	I	A	D	E	F	A	K	W	E
C	F	I	N	L	Ñ	N	E	A	K	T	M	R	R	R
O	S	S	T	P	I	E	S	N	N	X	A	T	Y	B
N	A	I	E	E	O	I	U	U	C	C	X	N	N	M
T	Í	V	L	F	M	R	L	S	I	I	L	D	L	U
A	N	T	I	V	K	O	C	Ó	E	V	A	F	T	G
M	A	M	G	V	V	H	N	I	Y	F	G	S	K	E
I	N	Q	E	M	M	K	N	R	Ó	N	E	Y	J	L
N	A	R	N	X	G	Q	G	A	H	N	N	J	K	N
A	F	Z	C	Z	K	L	D	S	O	C	U	N	U	E
R	N	F	I	R	P	I	L	T	R	F	T	X	T	Q
S	M	W	A	T	B	B	E	L	T	S	A	S	A	R
E	R	K	M	E	M	U	C	H	A	C	H	O	S	C
W	V	X	B	Y	C	A	R	D	A	S	F	T	R	Z

- ○ Ananías
- ○ Bebida
- ○ Beltsasar
- ○ Ciencias
- ○ Contaminarse
- ○ Daniel
- ○ Eunucos
- ○ Inteligencia
- ○ Jefe
- ○ Legumbres
- ○ Misael
- ○ Muchachos
- ○ Porción
- ○ Ración
- ○ Sadrac
- ○ Sueños
- ○ Visión
- ○ Voluntad

4

Cantares 5:10-16

X	D	E	S	P	E	C	I	A	S	K	K	M	B	T
N	M	Q	H	F	Q	C	X	O	N	A	B	Í	L	L
F	S	R	O	G	I	S	A	L	L	I	J	E	M	H
R	O	B	K	V	D	N	J	M	C	X	S	Y	R	S
A	R	K	J	K	R	A	Í	O	K	A	V	S	C	A
G	I	P	V	N	C	E	D	S	C	J	K	O	E	L
A	F	B	W	I	P	I	U	I	I	O	G	L	D	L
N	A	K	N	L	C	K	T	C	M	M	G	L	R	E
T	Z	T	Q	I	X	Á	G	I	K	H	O	I	O	C
E	O	L	A	B	M	M	S	V	Q	L	H	N	S	N
S	Y	B	I	O	L	Í	V	B	V	R	L	A	Y	O
R	L	C	R	F	C	A	R	R	O	Y	O	S	R	D
E	Q	A	H	L	R	F	N	S	O	P	S	E	R	C
N	D	W	U	L	V	A	M	C	V	Z	D	W	P	H
T	L	D	G	M	W	G	M	N	O	J	T	M	X	N

- ○ Anillos
- ○ Aromáticas
- ○ Arroyos
- ○ Blanco
- ○ Cedros
- ○ Codiciable
- ○ Crespos
- ○ Cuervo
- ○ Doncellas
- ○ Dulcísimo
- ○ Especias
- ○ Finísimo
- ○ Fragantes
- ○ Jacintos
- ○ Líbano
- ○ Marfil
- ○ Mejillas
- ○ Zafiros

5

Salmos 80:1-19

K	D	I	M	H	B	E	N	J	A	M	I	N	V	Y
C	T	I	N	D	I	G	N	A	C	I	Ó	N	R	A
B	I	J	T	V	T	O	T	P	I	G	E	C	G	I
G	W	E	G	K	O	R	K	Y	R	F	Z	E	L	C
S	M	D	L	S	M	C	G	N	T	N	T	Z	I	N
O	P	E	K	O	O	F	A	X	P	S	Z	E	M	A
N	A	S	M	T	G	S	R	R	A	K	N	B	P	D
A	S	T	Y	N	E	V	O	L	E	E	Y	M	I	N
R	T	R	T	E	U	S	L	T	M	M	A	Y	A	U
U	O	O	C	I	F	I	O	I	I	N	O	E	S	B
Á	R	Z	L	M	T	R	G	N	A	C	R	S	T	A
T	E	A	G	R	T	O	N	S	I	B	R	F	E	L
S	A	K	O	A	S	C	É	K	M	C	K	É	G	G
E	S	P	Q	S	K	S	J	O	N	R	E	M	J	H
R	A	T	X	D	M	Q	H	C	N	L	R	V	P	E

- ○ Abundancia
- ○ Aportillaste
- ○ Benjamín
- ○ Cielo
- ○ Destroza
- ○ Enemigos
- ○ Egipto
- ○ Ejércitos
- ○ Fuego
- ○ Hombre
- ○ Indignación
- ○ Invocaremos
- ○ Limpiaste
- ○ Manasés
- ○ Pastoreas
- ○ Restáuranos
- ○ Sarmientos
- ○ Vecinos

Abdías 15-21

A	T	P	E	R	A	S	N	L	R	K	F	C	X	T
X	W	Z	W	S	M	P	S	E	E	M	I	R	T	S
D	J	H	L	Q	I	O	C	T	Y	S	L	A	V	E
V	T	W	X	Y	V	O	N	R	N	O	I	G	M	N
D	T	P	Q	I	M	E	N	Z	J	E	S	Z	Y	O
J	R	R	T	P	N	Z	P	T	Y	N	T	U	D	I
N	L	U	E	A	G	L	M	C	S	A	E	J	G	S
E	A	N	M	N	E	G	U	E	V	N	O	K	G	E
C	S	E	F	R	A	Í	N	D	L	A	S	K	G	S
A	R	A	L	C	B	O	C	A	J	C	A	A	V	O
L	P	Z	Ú	É	I	T	X	M	N	T	L	Y	Y	P
C	Q	Z	K	C	S	C	V	L	T	A	E	M	N	M
M	Z	C	A	C	V	O	T	G	A	M	F	K	C	R
Q	P	N	C	L	D	N	J	D	Y	Y	E	L	H	T
M	P	S	A	M	A	R	I	A	T	R	S	W	L	D

- ○ Cananeos
- ○ Cautivos
- ○ Efraín
- ○ Esaú
- ○ Filisteos
- ○ Galaad
- ○ Jacob
- ○ José
- ○ Juzgar
- ○ Naciones
- ○ Neguev
- ○ Posesiones
- ○ Recompensa
- ○ Remanente
- ○ Samaria
- ○ Sarepta
- ○ Sefela
- ○ Sion

7

Isaías 11:1-9

L	L	E	O	P	A	R	D	O	L	A	N	Q	W	F
C	N	S	M	X	V	X	G	K	R	O	M	Z	R	D
O	A	K	K	L	N	Y	N	O	K	R	M	J	Y	Z
R	Y	M	T	N	E	K	B	K	L	R	R	O	F	A
D	A	B	L	U	L	Í	L	P	T	E	Q	N	S	I
E	M	Í	B	L	V	W	Y	X	D	C	D	Z	Z	C
R	C	R	R	T	D	A	D	I	L	E	D	I	F	I
O	M	O	K	U	Y	F	L	N	L	B	Q	M	V	T
M	J	M	N	N	D	I	Q	W	P	G	T	D	R	S
A	K	E	Z	S	G	I	C	A	V	E	R	N	A	U
N	Í	T	N	E	E	B	B	L	D	J	Y	B	Q	J
S	J	A	N	Q	L	J	D	A	W	X	J	D	N	L
O	W	T	S	F	Y	J	O	L	S	M	P	Ó	W	C
S	E	V	J	I	K	M	D	L	T	M	E	N	T	Y
B	K	V	A	I	C	N	E	G	I	L	E	T	N	I

- ○ Becerro
- ○ Buey
- ○ Caverna
- ○ Consejo
- ○ Cordero
- ○ Diligente
- ○ Fidelidad
- ○ Inteligencia
- ○ Isaí
- ○ Justicia
- ○ León
- ○ Leopardo
- ○ Lomos
- ○ Mansos
- ○ Osa
- ○ Sabiduría
- ○ Temor
- ○ Víbora

8

Génesis 45:1-15

T	P	R	E	S	E	R	V	A	R	O	S	G	Y	N
P	D	L	Q	K	O	M	Y	W	L	L	O	V	F	Í
K	S	T	L	N	P	T	N	L	Q	B	A	B	A	M
J	I	J	G	O	H	H	I	K	E	C	C	B	R	A
C	E	L	J	É	R	O	B	R	A	G	W	M	A	J
T	G	M	S	R	L	Ó	N	S	G	K	R	N	Ó	N
Z	A	O	E	L	J	A	Y	N	X	N	X	F	N	E
S	J	F	E	G	D	D	E	T	E	N	G	A	S	B
O	M	U	F	O	I	R	S	A	C	Z	E	R	E	P
N	C	Q	R	Q	F	P	F	T	H	G	K	L	L	W
A	D	N	É	S	O	G	C	N	P	M	L	T	V	M
M	G	C	R	P	P	K	B	I	T	M	M	L	Z	K
R	T	P	T	U	R	B	A	D	O	S	J	P	T	K
E	N	L	Q	H	A	I	C	N	E	S	E	R	P	R
H	G	G	M	L	I	B	E	R	A	C	I	Ó	N	L

○ Benjamín
○ Cuello
○ Detengas
○ Egipcios
○ Faraón
○ Gobernador

○ Gosén
○ Gritos
○ Hermanos
○ José
○ Liberación
○ Lloró

○ Perezcas
○ Presencia
○ Preservaros
○ Siega
○ Turbados
○ Vacas

9

1 Samuel 2:1-11

N	Z	H	A	M	B	R	I	E	N	T	O	S	V	V
L	G	K	A	R	R	O	G	A	N	T	E	S	S	L
L	M	C	R	N	Ó	J	C	T	P	L	M	O	O	F
J	C	T	P	T	V	H	G	L	X	G	M	D	I	W
A	Z	K	J	B	N	Y	C	L	N	E	N	I	R	D
Z	K	Á	L	O	E	S	B	N	N	B	S	G	A	É
E	C	E	R	B	O	P	M	E	A	O	L	N	S	B
D	R	H	B	A	X	C	S	R	D	S	Z	U	R	I
N	E	M	Z	K	N	T	O	A	A	Q	N	E	E	L
A	F	L	K	A	E	O	R	L	A	M	L	E	V	E
R	U	B	N	R	F	B	R	D	U	C	Á	Q	D	S
G	G	A	O	D	E	N	R	T	A	M	B	P	A	R
K	I	S	R	U	X	A	X	N	W	C	N	G	T	Y
R	O	T	Q	J	U	C	A	R	N	N	H	A	R	T
T	R	N	L	G	W	G	N	W	D	L	H	L	S	T

- ○ Adversarios
- ○ Ana
- ○ Arrogantes
- ○ Columnas
- ○ Débiles
- ○ Elcana
- ○ Empobrece
- ○ Ensanchó
- ○ Grandeza
- ○ Guarda
- ○ Hambrientos
- ○ Menesteroso
- ○ Quebrados
- ○ Ramá
- ○ Refugio
- ○ Seol
- ○ Tronará
- ○ Ungido

Deuteronomio 32:1-14

F	F	H	S	T	T	D	R	A	D	E	R	E	H	R
W	F	K	O	X	B	W	E	G	K	H	T	L	M	R
K	Q	N	N	C	Z	A	M	S	Y	L	P	F	N	V
Y	M	R	A	T	B	T	N	A	I	E	R	T	P	O
R	L	E	I	P	N	K	L	Z	D	E	R	D	P	T
A	Q	C	C	T	L	I	L	Q	I	N	R	M	Q	N
H	G	T	N	P	U	A	N	Q	V	V	K	T	O	E
C	Y	I	A	G	N	Q	N	M	I	R	O	X	O	I
N	T	T	Á	R	F	X	N	K	D	G	Q	L	P	M
A	L	U	E	R	P	O	R	C	I	Ó	N	N	L	A
M	X	D	U	C	O	R	D	E	R	O	S	F	V	N
W	E	T	E	S	T	A	B	L	E	C	I	Ó	N	O
P	O	É	R	A	M	A	L	C	O	R	P	N	M	Z
S	P	L	U	M	A	S	Z	W	Q	T	K	K	M	A
B	L	M	A	N	T	E	Q	U	I	L	L	A	T	R

- ○ Ancianos
- ○ Águila
- ○ Corderos
- ○ Desierto
- ○ Dividir
- ○ Estableció
- ○ Frutos
- ○ Heredar
- ○ Llovizna
- ○ Mancha
- ○ Mantequilla
- ○ Pedernal
- ○ Plumas
- ○ Porción
- ○ Proclamaré
- ○ Razonamiento
- ○ Rectitud
- ○ Yermo

11

Jeremías 18:1-12

P	E	N	S	A	M	I	E	N	T	O	T	X	D	S
N	T	E	J	E	R	U	S	A	L	É	N	E	A	É
N	X	R	W	R	E	I	N	O	S	N	S	Í	R	B
H	G	E	M	K	N	F	K	K	D	T	M	I	C	J
F	R	I	O	D	A	N	I	M	R	E	T	E	D	D
M	U	T	P	M	D	K	Q	U	R	N	L	D	M	E
S	E	R	D	A	X	N	I	E	E	X	X	V	D	S
E	D	I	L	K	L	R	J	P	R	T	Q	O	B	I
R	A	V	C	K	N	A	E	J	B	A	R	R	O	G
O	S	N	T	O	G	R	B	T	M	M	W	E	V	N
D	Q	O	T	M	R	M	T	R	L	N	N	R	A	I
A	M	C	L	A	R	A	T	N	A	L	P	A	S	O
R	L	V	T	O	T	G	Z	N	X	F	K	F	I	S
O	F	N	V	Z	D	Z	P	Ó	P	L	J	L	J	W
M	M	C	D	L	P	Í	T	X	N	X	Q	A	A	Q

- ○ Alfarero
- ○ Arrepentiré
- ○ Barro
- ○ Convirtieren
- ○ Corazón
- ○ Designios
- ○ Destruir
- ○ Determinado
- ○ Ídolos
- ○ Jeremías
- ○ Jerusalén
- ○ Moradores
- ○ Palabra
- ○ Pensamiento
- ○ Plantar
- ○ Reinos
- ○ Rueda
- ○ Vasija

12

2 Samuel 14:25-33

H	L	B	R	L	C	E	B	A	D	A	O	T	N	C
N	R	T	R	J	X	G	C	M	X	L	Y	L	Z	G
K	L	C	L	H	L	P	J	K	L	R	S	M	C	R
A	D	N	U	G	E	S	E	E	G	A	P	D	R	O
O	G	E	U	F	H	S	B	S	B	R	O	K	N	S
C	T	J	D	L	L	A	O	E	A	S	U	Y	O	T
T	B	A	E	C	C	J	R	V	C	B	M	S	R	R
N	N	R	F	R	O	Q	L	I	R	Z	A	R	E	O
Ó	K	U	E	X	Q	R	E	F	Ó	E	G	F	I	G
L	N	S	C	Y	J	N	O	N	H	X	I	B	D	T
A	L	O	T	K	T	G	I	N	R	X	R	S	N	R
S	H	M	O	O	M	L	P	A	I	F	H	M	E	K
B	L	R	S	W	C	M	M	N	G	L	W	T	R	C
A	R	E	L	N	L	A	F	W	K	X	L	T	P	Y
L	T	H	I	N	T	M	J	O	A	B	L	A	V	M

- ○ Absalón
- ○ Cabello
- ○ Cebada
- ○ Coronilla
- ○ Defecto
- ○ Doscientos
- ○ Fuego
- ○ Gesur
- ○ Hermosura
- ○ Inclinó
- ○ Joab
- ○ Pesaba
- ○ Prendieron
- ○ Rostro
- ○ Saber
- ○ Segunda
- ○ Siervos
- ○ Tamar

13

Zacarías 11:4-17

D	Y	W	C	Q	P	F	M	F	X	S	K	L	T	Q
R	X	A	P	O	C	E	N	A	A	V	O	X	N	Y
H	T	N	I	K	M	M	Z	R	Z	D	J	I	Q	P
E	F	O	E	T	Z	P	U	U	I	N	N	Q	I	T
R	R	D	D	Q	P	D	R	C	Ñ	S	A	E	J	D
M	L	N	A	D	A	O	E	A	E	A	Z	T	T	B
A	N	A	D	T	I	R	N	N	D	A	S	D	A	N
N	N	B	A	R	U	M	S	M	S	O	H	R	L	M
D	A	A	A	C	Z	A	D	V	H	P	R	B	N	C
A	B	L	S	T	T	C	O	M	P	A	Ñ	E	R	A
D	A	O	G	O	N	E	R	A	D	E	U	Q	S	B
S	R	L	É	R	A	R	B	I	L	T	Q	R	N	R
X	I	K	O	V	E	J	A	S	K	N	C	K	R	G
M	M	P	E	R	N	I	Q	U	E	B	R	A	D	A
F	T	R	E	I	N	T	A	R	J	M	Z	F	F	N

- ○ Abandona
- ○ Ataduras
- ○ Compañera
- ○ Compradores
- ○ Hermandad
- ○ Insensato
- ○ Libraré
- ○ Matanza
- ○ Miraban
- ○ Oscurecido
- ○ Ovejas
- ○ Perniquebrada
- ○ Pezuñas
- ○ Piedad
- ○ Piezas
- ○ Quedaren
- ○ Salario
- ○ Treinta

Daniel 6:13-23

Q	O	S	O	T	N	E	M	U	R	T	S	N	I	B
R	Ñ	N	W	F	M	L	T	S	L	L	L	D	R	O
Y	E	Ó	D	O	D	T	M	N	E	M	W	A	I	R
R	U	I	M	S	N	A	N	T	L	N	R	N	Z	D
N	S	S	Z	O	C	T	N	Z	T	B	O	K	R	E
X	N	E	V	K	R	L	T	I	I	C	D	E	Q	N
B	M	L	C	V	X	G	V	L	E	P	C	B	L	A
O	P	E	Y	C	M	D	D	N	A	L	L	J	H	N
D	R	N	D	Z	W	O	T	L	T	K	J	B	H	Z
A	N	W	R	I	L	E	A	A	I	S	R	E	P	A
G	H	L	X	L	A	C	A	U	T	I	V	O	S	J
O	W	R	I	B	I	P	V	I	V	I	E	N	T	E
R	K	N	M	O	K	W	P	E	T	I	C	I	Ó	N
B	A	T	F	G	W	L	W	Y	K	L	F	C	Y	K
A	T	J	M	A	N	E	R	A	G	B	G	Y	J	R

- ○ Abrogado
- ○ Anillo
- ○ Cautivos
- ○ Daniel
- ○ Foso
- ○ Inocente
- ○ Instrumentos
- ○ Leones
- ○ Lesión
- ○ Librar
- ○ Manera
- ○ Media
- ○ Ordenanza
- ○ Palacio
- ○ Persia
- ○ Petición
- ○ Sueño
- ○ Viviente

15

Eclesiastés 9:1-10

Y	A	C	I	F	I	R	C	A	S	T	W	M	C	N
D	I	N	S	E	N	S	A	T	E	Z	O	S	I	O
C	A	G	R	A	D	A	B	L	E	S	A	B	E	R
O	R	D	T	R	Q	N	R	K	E	B	C	Z	N	E
T	M	K	I	C	B	K	T	C	I	O	E	K	C	I
N	B	A	N	N	J	G	U	O	R	R	C	M	I	C
E	T	M	Z	X	A	S	S	A	R	K	E	M	A	E
M	B	B	Z	N	S	V	Z	M	O	L	T	U	R	N
A	L	N	L	A	A	Ó	M	I	B	J	N	E	C	E
R	V	R	N	A	N	R	P	E	K	K	O	R	D	F
U	P	A	C	N	N	M	E	K	M	Q	C	T	V	T
J	F	D	L	J	I	C	N	P	Z	O	A	O	M	B
A	B	H	M	L	Z	N	O	K	S	V	R	S	B	W
R	A	R	A	L	C	E	D	S	K	E	M	I	P	B
B	B	N	L	M	L	C	N	T	T	K	Q	J	A	K

- ○ Acontece
- ○ Afanas
- ○ Agradables
- ○ Blancos
- ○ Ciencia
- ○ Corazón
- ○ Declarar
- ○ Esperanza
- ○ Fenecieron
- ○ Insensatez
- ○ Juramento
- ○ Limpio
- ○ Memoria
- ○ Muertos
- ○ Sabios
- ○ Sacrifica
- ○ Suceso
- ○ Vanidad

16

2 Reyes 12:1-16

S	M	T	E	S	T	I	P	U	L	A	D	O	L	G
E	N	D	L	S	S	O	I	L	I	S	N	E	T	U
T	K	E	C	T	E	X	T	S	Á	O	J	L	L	F
O	W	S	K	R	L	C	D	G	R	H	P	Q	J	Z
D	J	P	G	Z	I	Q	R	C	M	T	D	I	R	S
R	P	A	X	U	Ñ	S	K	E	A	G	N	L	O	L
E	K	B	T	T	A	W	A	Z	T	C	G	L	C	A
C	L	I	D	R	B	R	A	N	I	A	L	D	B	R
A	D	L	K	O	L	S	D	E	I	I	R	E	L	S
S	A	A	L	M	A	Q	N	A	T	A	S	I	B	I
C	D	D	H	P	L	S	R	R	B	R	F	B	O	B
Y	A	E	N	E	O	V	O	W	E	A	L	O	L	I
D	I	R	W	T	W	P	V	E	C	Q	N	R	J	A
L	O	A	T	A	Q	N	B	O	L	P	M	E	T	C
V	J	S	W	S	R	E	P	A	R	A	B	A	N	N

- ○ Albañiles
- ○ Beerseba
- ○ Despabiladeras
- ○ Estipulado
- ○ Guardaban
- ○ Incienso
- ○ Joás
- ○ Jofainas
- ○ Joiada
- ○ Portillos
- ○ Reparaban
- ○ Sacerdotes
- ○ Secretario
- ○ Sibia
- ○ Tazas
- ○ Templo
- ○ Trompetas
- ○ Utensilio

17

Eclesiastés 9:1-10

L	O	D	A	I	C	E	R	P	S	O	N	E	M	S
A	T	P	N	N	X	G	H	T	E	N	L	L	E	B
R	R	E	Ó	T	Ó	V	Y	N	R	M	C	D	Z	J
U	D	C	I	C	J	I	G	O	B	R	A	Z	O	T
S	E	A	C	V	Á	A	C	G	V	D	M	R	K	O
O	S	D	C	O	Ñ	R	T	A	I	R	K	R	I	R
M	C	O	I	O	V	Q	C	U	R	Y	E	C	H	E
R	A	R	L	N	M	E	Q	E	W	E	N	I	P	B
E	R	E	F	N	Q	I	J	V	L	U	N	L	S	E
H	R	S	A	K	N	P	Y	A	N	N	D	E	T	L
P	I	M	X	I	V	W	V	A	V	F	L	P	G	I
K	A	S	E	D	A	D	E	M	R	E	F	N	E	O
Q	M	A	N	I	F	E	S	T	A	D	O	C	P	N
M	O	K	O	H	C	E	F	S	I	T	A	S	P	E
B	S	N	V	O	L	U	N	T	A	D	K	N	M	S

- ○ Aflicción
- ○ Anuncio
- ○ Brazo
- ○ Cárcel
- ○ Descarriamos
- ○ Enfermedades
- ○ Engaño
- ○ Generación
- ○ Hermosura
- ○ Iniquidades
- ○ Manifestado
- ○ Menospreciado
- ○ Oveja
- ○ Pecadores
- ○ Rebeliones
- ○ Satisfecho
- ○ Siervo
- ○ Voluntad

18

Miqueas 1:8-16

R	H	K	L	V	S	A	I	C	I	L	E	D	É	P
M	T	K	L	A	Q	U	I	S	T	N	Q	R	O	L
R	A	V	E	S	T	R	U	C	E	S	A	S	H	C
C	O	R	Y	K	M	N	R	R	M	T	E	Y	H	E
X	F	D	E	L	N	G	M	N	N	E	T	A	Y	T
M	R	L	A	S	N	X	K	E	D	G	C	K	C	A
A	Z	B	M	J	A	Z	M	O	P	A	Y	A	A	L
R	A	B	E	Q	O	A	R	B	L	G	P	Z	U	Í
O	A	I	M	T	L	P	V	E	T	N	M	N	T	U
T	N	Z	L	L	E	G	S	M	Y	A	V	E	I	Q
L	Á	C	B	K	T	S	K	E	L	R	J	Ü	V	S
R	N	A	X	L	A	W	E	U	D	T	N	G	E	A
M	M	Z	Z	D	G	Z	D	L	J	B	L	R	R	R
T	N	P	L	F	X	A	C	F	Q	C	Z	E	I	T
F	Y	N	T	R	I	F	A	S	T	N	G	V	O	Q

- ○ Aczib
- ○ Adulam
- ○ Avestruces
- ○ Betesel
- ○ Cautiverio
- ○ Chacales
- ○ Delicias
- ○ Despojado
- ○ Gat
- ○ Lamentaré
- ○ Laquis
- ○ Maresa
- ○ Marot
- ○ Poseedor
- ○ Safir
- ○ Trasquílate
- ○ Vergüenza
- ○ Zaanán

19

Rut 2:4-16

Q	V	L	T	Z	S	E	R	O	D	A	G	E	S	R
E	O	L	L	N	L	M	T	Z	E	X	Q	R	R	E
X	M	F	M	T	B	G	O	R	R	R	T	N	S	M
T	O	Z	M	Q	D	O	G	T	U	T	M	É	A	U
R	D	X	K	D	B	A	J	T	P	N	R	L	J	N
A	R	R	C	O	N	S	O	L	A	D	O	E	I	E
N	O	L	E	I	S	O	J	O	N	A	M	B	S	R
J	Y	Y	V	F	C	R	G	E	M	C	G	W	A	A
E	A	J	O	R	U	A	A	R	S	M	N	L	V	C
R	M	N	L	D	V	G	Í	R	Y	P	K	M	X	I
A	F	R	J	I	I	M	I	J	G	H	I	V	N	Ó
G	H	M	L	T	E	R	Z	A	N	E	Z	G	C	N
K	R	L	T	O	Z	L	A	K	R	Q	U	K	A	X
N	A	L	N	K	T	M	R	M	W	T	G	S	V	R
S	H	L	P	O	T	A	J	E	T	B	E	L	L	V

- ○ Belén
- ○ Booz
- ○ Consolado
- ○ Espigar
- ○ Extranjera
- ○ Gavillas
- ○ Manojos
- ○ Marido
- ○ Mayordomo
- ○ Noemí
- ○ Potaje
- ○ Refugiarte
- ○ Remuneración
- ○ Rut
- ○ Segadores
- ○ Suegra
- ○ Vasijas
- ○ Vinagre

20

Éxodo 2:1-10

L	T	A	Z	I	R	D	O	N	L	L	W	T	V	L
J	K	K	Q	F	D	L	F	D	T	A	E	M	J	S
T	J	H	E	R	M	O	S	O	N	L	O	V	C	O
M	L	B	V	K	C	Z	N	A	G	I	F	M	Í	E
M	L	M	A	D	P	A	M	Ó	S	Q	L	H	D	R
Ó	O	B	L	T	A	R	R	É	A	O	L	O	K	B
J	R	C	L	W	E	L	S	R	T	R	N	T	N	E
I	A	O	I	H	P	J	L	L	I	C	A	F	L	H
H	B	M	U	Y	Z	R	A	I	E	Z	H	F	B	T
O	A	P	Q	D	C	F	R	L	R	K	A	C	D	H
R	C	A	R	K	S	M	L	R	H	O	P	L	X	Q
P	N	S	A	A	C	A	L	A	F	A	T	E	Ó	F
R	T	I	N	C	W	X	N	N	N	N	J	Z	M	D
W	T	Ó	T	O	D	I	D	N	O	C	S	E	R	F
B	N	N	P	P	L	Q	L	R	I	B	E	R	A	N

- ○ Arquilla
- ○ Asfalto
- ○ Calafateó
- ○ Carrizal
- ○ Compasión
- ○ Doncella
- ○ Escondido
- ○ Faraón
- ○ Hebreos
- ○ Hermana
- ○ Hermoso
- ○ Leví
- ○ Lloraba
- ○ Moisés
- ○ Nodriza
- ○ Orilla
- ○ Prohijó
- ○ Ribera

• Génesis 1:1-8

En el principio creó Dios los cielos y la tierra. Y la tierra estaba desordenada y vacía, y las tinieblas estaban sobre la faz del abismo, y el Espíritu de Dios se movía sobre la faz de las aguas.

Y dijo Dios: Sea la luz; y fue la luz. Y vio Dios que la luz era buena; y separó Dios la luz de las tinieblas. Y llamó Dios a la luz Día, y a las tinieblas llamó Noche. Y fue la tarde y la mañana un día.

Luego dijo Dios: Haya expansión en medio de las aguas, y separe las aguas de las aguas. E hizo Dios la expansión, y separó las aguas que estaban debajo de la expansión, de las aguas que estaban sobre la expansión. Y fue así. Y llamó Dios a la expansión Cielos. Y fue la tarde y la mañana el día segundo.

21

Sofonías 3:9-17

L	T	R	D	R	E	G	O	C	I	J	A	T	E	O
Q	Y	F	O	P	O	D	E	R	O	S	O	A	T	E
T	S	T	R	R	L	S	E	C	O	V	D	N	E	N
C	O	D	M	J	D	K	L	W	S	A	E	G	D	S
Z	D	G	I	B	V	E	M	O	Z	I	E	T	L	O
N	A	D	R	J	N	K	B	N	M	N	M	N	I	B
É	T	T	Á	M	K	E	O	I	G	D	J	V	M	E
L	N	R	N	B	R	G	T	A	L	X	T	F	U	R
A	E	J	L	B	R	N	Ñ	V	M	I	L	Y	H	B
S	C	L	I	E	E	O	P	H	R	L	T	L	J	E
U	A	A	V	S	S	Q	S	U	T	W	T	E	T	C
R	P	A	N	A	K	Q	M	O	R	F	P	N	N	E
E	A	O	G	C	R	E	M	A	N	E	N	T	E	R
J	C	V	A	Í	P	O	I	T	E	A	Z	K	M	Á
K	G	M	C	Á	N	T	I	C	O	S	M	A	Q	S

- ○ Apacentados
- ○ Avergonzada
- ○ Cánticos
- ○ Consentimiento
- ○ Debiliten
- ○ Dormirán
- ○ Engañosa
- ○ Ensoberbecerás
- ○ Etiopía
- ○ Humilde
- ○ Jerusalén
- ○ Manos
- ○ Poderoso
- ○ Pureza
- ○ Regocíjate
- ○ Remanente
- ○ Soberbia
- ○ Voces

22

Isaías 35:1-10

F	V	T	K	P	H	R	O	D	I	L	L	A	S	O
L	A	D	E	U	Q	E	S	O	N	A	B	Í	L	R
C	H	A	C	A	L	E	S	G	D	S	J	E	G	E
Y	O	M	R	E	Y	V	K	N	O	U	M	E	K	T
S	C	D	Q	J	L	F	R	D	N	R	S	R	S	R
D	O	S	G	Z	G	G	I	C	A	A	O	E	E	I
D	E	R	A	C	F	M	O	C	R	H	D	I	T	B
D	A	S	E	N	I	S	Y	Ó	F	E	Í	V	N	U
P	J	D	I	D	T	K	N	K	T	R	O	U	E	C
Y	L	B	E	E	A	I	L	L	D	M	N	D	R	I
Q	G	R	Q	L	R	N	D	M	Y	O	R	N	R	Ó
R	L	M	K	P	O	T	A	A	N	S	L	A	O	N
B	P	Q	K	P	H	S	O	M	D	U	C	X	T	M
W	Z	R	R	W	M	Q	K	M	T	R	T	Q	R	V
M	T	C	N	M	N	J	K	M	Q	A	Q	F	K	X

- ○ Anduviere
- ○ Carmelo
- ○ Chacales
- ○ Desierto
- ○ Hermosura
- ○ Juncos
- ○ Líbano
- ○ Manaderos
- ○ Oídos
- ○ Redimidos
- ○ Retribución
- ○ Rodillas
- ○ Santidad
- ○ Sarón
- ○ Sequedal
- ○ Soledad
- ○ Torrentes
- ○ Yermo

23

Daniel 8:1-14

S	O	B	R	E	M	A	N	E	R	A	A	N	N	S
M	S	O	T	I	C	R	É	J	E	B	M	F	N	A
K	P	R	E	V	A	R	I	C	A	C	I	Ó	N	C
N	M	S	A	N	T	U	A	R	I	O	N	M	Y	R
P	J	G	F	K	Z	A	E	N	I	G	L	V	R	I
L	F	B	X	N	Z	D	E	D	Ó	B	F	B	W	F
L	D	V	H	R	I	K	S	S	Q	I	E	P	V	I
D	N	A	E	S	J	L	A	R	A	R	S	R	N	C
E	D	U	N	L	Q	K	L	A	H	P	V	I	A	I
R	F	O	V	I	S	R	L	S	B	L	A	N	V	O
R	C	H	X	U	E	N	E	A	R	Q	R	C	Z	P
I	B	R	S	G	R	L	R	S	F	B	W	E	S	G
B	D	A	M	C	D	F	T	L	Y	B	L	F	M	E
Ó	H	I	A	L	U	L	S	E	F	A	L	M	N	R
C	U	E	R	N	O	S	E	B	M	H	Y	M	H	G

- ○ Belsasar
- ○ Consideraba
- ○ Cuernos
- ○ Daniel
- ○ Derribó
- ○ Elam
- ○ Ejércitos
- ○ Escapase
- ○ Estrellas
- ○ Fuerza
- ○ Prevaricación
- ○ Ribera
- ○ Sacrificio
- ○ Santuario
- ○ Sobremanera
- ○ Susa
- ○ Ulai
- ○ Visión

24

Ester 2:1-18

F	P	Y	J	B	M	M	D	G	G	M	T	K	B	L
S	A	L	L	E	C	N	O	D	M	K	N	L	E	N
P	C	Q	Z	A	G	S	A	A	S	B	C	J	N	A
D	F	T	F	R	J	E	C	O	N	Í	A	S	E	B
V	Q	F	K	B	A	B	I	L	O	N	I	A	V	U
F	R	Q	R	K	L	H	Y	P	F	D	S	S	O	C
S	L	E	P	N	R	I	E	M	E	L	O	A	L	O
E	L	V	T	N	B	R	N	C	K	N	T	D	E	D
T	R	T	G	S	F	A	L	A	O	Q	U	A	N	O
I	J	K	K	U	E	A	N	R	J	V	B	H	C	N
E	B	V	M	A	R	T	E	Q	I	E	I	Z	I	O
F	X	E	H	A	S	U	P	T	U	A	R	G	A	S
A	S	M	S	D	S	U	S	T	G	E	T	R	R	O
Q	H	E	N	A	L	A	S	E	T	J	T	V	C	R
W	M	Z	C	T	V	R	H	T	L	N	N	E	R	M

- ○ Afeites
- ○ Asuero
- ○ Babilonia
- ○ Banquete
- ○ Benevolencia
- ○ Declarase
- ○ Doncellas
- ○ Ester
- ○ Hadasa
- ○ Hegai
- ○ Jeconías
- ○ Linaje
- ○ Nabucodonosor
- ○ Perfumes
- ○ Saasgaz
- ○ Susa
- ○ Tributos
- ○ Vasti

Salmos 108:1-13

Q	S	L	T	N	A	C	I	O	N	E	S	E	T	R
D	T	I	M	A	N	A	S	É	S	D	N	F	A	O
H	A	D	Q	T	H	R	T	F	L	A	S	J	S	D
L	F	A	E	U	Q	L	N	T	L	O	I	O	L	A
Y	E	B	L	S	E	B	W	T	D	S	C	H	O	L
F	F	O	L	A	E	M	E	A	A	O	W	L	I	S
F	R	I	R	C	G	C	R	V	R	X	A	W	R	I
R	A	R	R	F	I	B	H	R	R	P	B	P	E	G
K	Í	A	M	D	I	G	O	A	R	N	X	R	T	E
V	N	S	A	L	L	C	H	A	D	R	B	O	L	L
G	T	R	T	N	D	G	Q	F	G	O	R	E	A	G
L	R	E	L	A	E	T	S	I	L	I	F	Z	S	D
H	R	V	N	J	J	T	O	C	U	S	R	A	T	V
D	G	D	J	M	C	A	N	T	A	R	É	S	J	V
C	M	A	M	L	P	T	C	R	R	J	K	N	K	X

- ○ Adversario
- ○ Arpa
- ○ Cantaré
- ○ Desechado
- ○ Efraín
- ○ Enaltecida
- ○ Filistea
- ○ Galaad
- ○ Legislador
- ○ Librados
- ○ Manasés
- ○ Naciones
- ○ Proezas
- ○ Salterio
- ○ Siquem
- ○ Socorro
- ○ Sucot
- ○ Vasija

26

Jonás 3:1-10

L	V	N	B	N	M	N	O	R	E	Y	E	R	C	F
M	B	C	J	F	U	E	R	T	E	M	E	N	T	E
N	G	U	F	S	A	J	E	V	O	T	J	K	K	L
P	P	M	E	C	R	A	T	A	R	D	O	R	V	O
E	R	A	C	Y	V	K	Ñ	K	T	M	L	R	H	T
R	O	D	E	M	E	A	R	I	E	N	R	T	N	N
E	C	I	N	A	M	S	T	R	P	A	T	K	L	E
C	L	U	I	N	T	J	T	N	I	A	T	M	P	M
E	A	R	Z	D	G	X	O	C	E	Z	R	C	D	I
R	M	T	A	A	E	R	N	N	H	R	I	H	R	L
E	A	S	C	T	N	U	Í	R	Á	L	A	M	W	A
M	R	E	G	O	N	N	N	L	I	S	R	U	T	L
O	O	D	P	A	I	C	R	C	N	V	X	R	C	Z
S	N	N	N	V	B	W	I	Q	M	Y	F	W	G	N
P	L	D	E	X	R	O	N	F	Z	L	Y	R	D	B

- ○ Alimento
- ○ Anunciar
- ○ Ardor
- ○ Bueyes
- ○ Ceniza
- ○ Cilicio
- ○ Creyeron
- ○ Cuarenta
- ○ Destruida
- ○ Extremo
- ○ Fuertemente
- ○ Jonás
- ○ Mandato
- ○ Nínive
- ○ Ovejas
- ○ Pereceremos
- ○ Proclamaron
- ○ Rapiña

Job 28:12-28

F	R	O	R	B	L	V	L	T	K	Y	B	F	V	I
V	J	P	R	N	F	L	H	Z	H	N	V	P	S	N
R	L	R	R	I	U	R	Q	K	S	Ó	N	A	G	T
M	P	J	D	V	F	D	T	A	Y	D	J	O	R	E
D	N	R	I	I	V	A	B	T	T	A	W	I	E	L
B	A	A	E	L	A	I	Z	F	H	B	L	C	L	I
S	N	D	K	P	D	M	E	L	G	A	H	A	Á	G
A	M	D	I	U	A	C	A	N	N	W	N	P	M	E
S	L	C	R	D	I	R	Y	N	P	W	C	O	P	N
O	H	Í	W	N	E	B	Ó	R	T	L	J	T	A	C
I	A	K	Ó	B	G	M	M	K	T	E	M	R	G	I
C	P	D	E	S	C	U	B	R	I	Ó	G	I	O	A
E	N	V	S	E	T	N	E	I	V	I	V	F	D	T
R	A	B	A	T	S	E	F	I	N	A	M	O	K	F
P	Z	J	D	Z	Y	W	T	P	L	A	T	A	Y	T

- ○ Abadón
- ○ Alhajas
- ○ Descubrió
- ○ Diamante
- ○ Inteligencia
- ○ Lluvia
- ○ Manifestaba
- ○ Medida
- ○ Ofir
- ○ Ónice
- ○ Plata
- ○ Preciosas
- ○ Preparó
- ○ Relámpago
- ○ Sabiduría
- ○ Topacio
- ○ Vivientes
- ○ Zafiro

28

Ezequiel 1:4-14

R	N	T	F	B	X	C	L	N	M	J	P	A	Z	P
A	F	A	N	Q	A	R	A	G	L	J	R	R	Y	Q
L	Y	L	B	R	T	B	T	Y	T	C	K	U	N	D
I	R	M	A	A	A	D	L	F	E	V	B	G	C	R
U	Q	S	V	D	E	E	Z	W	M	N	U	I	Z	E
G	A	L	N	N	Ó	L	V	K	P	W	E	F	J	S
Á	Z	A	Z	N	N	I	L	I	E	Y	Y	M	U	P
B	N	Q	M	W	L	O	Z	E	S	D	F	K	N	L
T	A	C	F	B	G	L	T	Q	T	I	Z	Q	T	A
B	J	B	D	E	R	M	H	K	U	N	O	M	A	N
P	E	G	U	R	M	O	K	X	O	I	E	N	B	D
K	M	F	P	X	V	D	N	L	S	H	E	C	A	E
S	E	N	O	B	R	A	C	C	O	P	B	R	N	C
L	S	B	E	C	E	R	R	O	E	C	M	N	D	Í
H	L	P	H	A	C	H	O	N	E	S	T	K	T	A

- ○ Águila
- ○ Andaban
- ○ Becerro
- ○ Bronce
- ○ Buey
- ○ Caras
- ○ Carbones
- ○ Centelleaban
- ○ Figura
- ○ Fuego
- ○ Hachones
- ○ Izquierda
- ○ Juntaban
- ○ León
- ○ Resplandecía
- ○ Semejanza
- ○ Tempestuoso
- ○ Vision

Joel 1:13-20

S	S	H	M	N	Ó	I	C	C	U	R	T	S	E	D
O	O	K	V	N	B	M	A	D	A	T	I	U	Q	L
N	R	M	F	V	C	L	L	I	B	A	C	I	Ó	N
A	E	N	A	S	A	M	B	L	E	A	R	G	T	C
I	N	F	O	N	P	M	I	D	J	S	W	E	H	L
C	A	N	F	R	L	R	E	N	E	F	R	N	O	A
N	R	L	T	P	E	S	A	R	I	R	K	D	T	M
A	G	B	Z	U	I	I	O	D	O	S	A	G	D	A
R	Z	T	E	E	R	D	M	N	E	T	T	A	R	R
E	D	N	R	S	A	B	E	I	A	R	T	R	C	É
B	B	T	L	R	T	S	A	B	G	N	A	P	O	L
A	O	L	O	X	P	I	E	D	E	T	W	S	B	S
Ñ	X	M	Y	R	B	R	A	M	O	K	L	L	T	R
O	Q	F	T	R	R	B	A	S	X	S	M	D	P	B
S	L	B	F	A	G	L	V	K	R	N	N	J	B	R

- ○ Ancianos
- ○ Arrebatado
- ○ Asamblea
- ○ Bestias
- ○ Clamaré
- ○ Desierto
- ○ Destrucción
- ○ Gimieron
- ○ Graneros
- ○ Lamentad
- ○ Libación
- ○ Ministros
- ○ Moradores
- ○ Praderas
- ○ Quitada
- ○ Rebaños
- ○ Terrones
- ○ Turbados

Isaías 26:1-11

A	R	O	D	A	D	R	A	U	G	L	L	S	T	X
M	L	R	A	N	T	E	M	U	R	O	E	Q	Z	E
A	H	O	T	P	Z	T	K	P	O	D	D	V	E	T
D	N	D	L	X	M	K	A	D	A	F	A	A	N	N
R	Ó	I	J	T	L	S	A	D	O	B	D	K	E	E
U	I	G	N	D	O	V	R	R	G	A	I	Q	M	M
G	C	I	L	S	L	E	T	J	Z	P	U	Y	I	A
A	A	L	Ó	A	V	A	C	L	D	N	Q	H	G	U
R	V	F	M	L	L	N	A	Á	T	F	I	G	O	T
É	L	A	K	E	L	R	O	Y	N	M	N	J	S	E
Y	A	N	Z	L	X	I	G	M	K	T	I	N	X	P
X	S	A	K	P	V	K	M	T	B	B	I	L	M	R
D	X	Q	N	P	Y	P	L	U	B	R	N	C	C	E
D	U	T	I	T	C	E	R	R	H	Y	E	M	O	P
W	M	E	N	E	S	T	E	R	O	S	O	S	G	T

- ○ Afligido
- ○ Alzada
- ○ Antemuro
- ○ Cántico
- ○ Enemigos
- ○ Fortaleza
- ○ Guardadora
- ○ Humilló
- ○ Iniquidad
- ○ Madrugaré
- ○ Malvado
- ○ Menesterosos
- ○ Nombre
- ○ Pasos
- ○ Perpetuamente
- ○ Rectitud
- ○ Salvación
- ○ Verdades

31

1 Crónicas 28:11-21

S	T	S	L	Q	T	N	J	O	L	P	M	E	T	T
A	E	O	D	U	O	S	N	E	I	C	N	I	A	O
D	S	L	K	E	N	S	L	K	R	X	G	Z	R	H
A	O	L	E	R	S	N	A	F	N	A	A	E	T	S
C	R	I	J	U	O	A	K	R	R	S	L	K	X	O
I	E	R	E	B	T	M	M	F	A	E	W	T	B	I
F	R	B	C	I	N	Y	I	P	D	P	L	X	P	R
I	Í	E	U	N	E	O	N	N	A	S	M	L	X	A
T	A	L	T	E	S	B	A	S	A	R	Z	Á	N	T
N	S	L	A	S	O	C	L	T	A	J	A	M	L	N
A	G	P	R	R	P	L	I	K	K	L	Y	R	B	U
S	T	L	Y	T	A	V	G	F	Y	K	O	L	Á	L
N	J	V	Z	C	E	T	Q	R	W	K	M	M	W	O
N	C	N	D	L	D	A	V	I	D	C	G	M	Ó	V
P	R	O	P	I	C	I	A	T	O	R	I	O	W	N

- ○ Aposentos
- ○ Candelero
- ○ David
- ○ Desamparará
- ○ Ejecutar
- ○ Garfios
- ○ Incienso
- ○ Lámparas
- ○ Lebrillos
- ○ Levitas
- ○ Propiciatorio
- ○ Querubines
- ○ Salomón
- ○ Santificadas
- ○ Tazas
- ○ Templo
- ○ Tesorerías
- ○ Voluntarios

Eclesiastés 1:1-11

R	M	S	K	P	R	E	D	I	C	A	D	O	R	L
F	M	O	R	P	G	A	X	T	G	F	A	F	L	K
A	H	L	A	N	Y	N	C	P	S	I	A	K	G	L
T	C	G	M	X	K	A	L	E	R	R	D	I	N	G
I	L	I	N	N	N	F	D	O	U	E	R	N	Y	E
G	A	S	B	K	T	A	M	S	D	A	S	K	Z	N
O	Z	T	R	R	D	E	E	W	N	Q	W	A	P	E
S	Z	H	N	I	M	R	V	D	H	Y	D	K	R	R
A	L	K	N	A	P	C	O	N	T	I	N	U	O	A
S	L	A	K	A	V	N	N	P	N	J	T	Q	V	C
V	V	V	I	N	I	E	R	O	N	P	M	P	E	I
K	R	M	D	W	R	F	L	H	Q	Z	T	L	C	Ó
R	R	C	L	N	É	L	A	S	U	R	E	J	H	N
Q	Y	M	N	N	O	R	T	E	K	F	N	Y	O	P
M	E	C	E	N	A	M	R	E	P	N	Y	R	K	P

- ○ Afana
- ○ Apresura
- ○ Continuo
- ○ Expresar
- ○ Fatigosas
- ○ Generación
- ○ Girando
- ○ Jerusalén
- ○ Levanta
- ○ Mar
- ○ Memoria
- ○ Norte
- ○ Permanece
- ○ Predicador
- ○ Provecho
- ○ Siglos
- ○ Vanidades
- ○ Vinieron

Malaquías 1:1-11

E	O	K	T	Z	C	Ú	A	S	E	R	W	Y	R	O
L	D	O	I	R	O	T	I	R	R	E	T	M	D	J
B	A	L	M	D	M	A	L	A	Q	U	Í	A	S	D
A	I	N	E	E	P	C	L	P	K	N	N	T	V	C
I	C	E	M	S	L	N	H	G	A	G	G	P	G	D
C	E	R	P	O	A	W	V	A	I	R	I	F	Q	H
E	R	B	O	L	C	R	O	D	C	E	N	X	W	T
R	P	M	B	A	E	P	N	F	D	A	E	O	N	V
P	S	U	R	C	N	I	R	A	R	N	L	P	H	L
S	O	L	E	I	C	L	D	O	F	E	H	E	A	T
E	N	A	C	Ó	I	H	P	E	F	Z	N	M	S	X
D	E	N	I	N	A	V	R	F	H	E	I	D	F	Z
V	M	T	D	Q	W	M	N	T	Y	N	C	K	A	M
B	N	D	O	L	O	R	K	L	A	R	V	Í	Z	T
H	T	W	T	A	R	R	U	I	N	A	D	O	A	N

- ○ Alumbre
- ○ Animal
- ○ Arruinado
- ○ Chacales
- ○ Complacencia
- ○ Desolación
- ○ Despreciable
- ○ Empobrecido
- ○ Enfermo
- ○ Esaú
- ○ Honra
- ○ Indignado
- ○ Malaquías
- ○ Menospreciado
- ○ Ofrenda
- ○ Piedad
- ○ Profecía
- ○ Territorio

34

1 Reyes 10:1-13

D	C	L	C	T	L	K	A	J	Á	B	A	S	J	O
N	M	A	E	S	T	R	E	S	A	L	A	S	W	L
S	S	A	I	C	E	P	S	E	P	C	I	X	M	A
L	E	X	J	D	P	K	H	R	Y	L	C	P	K	D
C	R	N	A	X	W	C	E	R	A	N	N	I	F	N
C	A	M	O	Y	X	C	R	D	F	R	A	E	N	Á
A	J	M	V	I	I	O	A	T	T	B	D	D	L	S
N	M	G	E	O	C	R	F	S	M	I	N	R	L	M
T	Q	A	S	L	B	A	O	R	F	R	U	A	N	A
O	W	A	N	M	L	T	T	I	E	D	B	S	W	R
R	S	F	O	I	N	O	C	I	G	C	A	L	T	I
E	T	S	B	E	E	A	S	W	B	Y	Í	P	B	H
S	A	W	L	M	D	R	C	R	W	A	Y	A	H	D
K	G	A	G	O	L	K	X	T	H	T	H	X	M	V
H	T	J	B	A	L	A	U	S	T	R	E	S	X	M

- ○ Abundancia
- ○ Asombrada
- ○ Balaustres
- ○ Camellos
- ○ Cantores
- ○ Edificado
- ○ Especias
- ○ Habitaciones
- ○ Hiram
- ○ Madera
- ○ Maestresalas
- ○ Ofrecía
- ○ Piedras
- ○ Preciosas
- ○ Reina
- ○ Sabá
- ○ Sándalo
- ○ Talentos

2 Samuel 9:1-13

G	A	I	C	N	E	R	E	V	E	R	F	M	M	S
J	R	R	Q	V	D	E	V	O	L	V	E	R	É	O
B	B	A	T	N	T	J	J	K	G	A	M	M	L	V
D	W	R	B	X	G	O	H	Y	S	H	Q	F	Z	R
L	V	V	M	E	N	D	P	E	R	T	Z	R	R	E
E	N	T	F	A	D	V	M	E	M	K	O	U	T	I
I	W	N	T	A	H	O	Y	G	Q	M	Q	T	P	S
M	N	Á	K	J	M	T	L	E	E	U	D	O	H	C
A	N	P	P	Q	J	I	M	T	E	N	E	S	G	R
G	F	Y	I	P	P	R	L	D	W	K	Y	Ñ	Y	I
V	K	W	E	Y	O	K	A	I	V	A	H	F	O	U
N	T	L	S	F	H	D	T	K	A	D	B	Z	W	Q
G	Y	L	N	V	O	G	X	N	M	B	K	I	N	A
M	H	O	X	O	D	A	I	S	I	L	H	L	S	M
R	C	R	L	M	M	L	Z	M	I	C	A	Í	A	P

- Amiel
- Conforme
- Devolveré
- Familia
- Frutos
- Jonatán
- Lisiado
- Lodebar
- Maquir
- Mesa
- Micaía
- Pequeño
- Pies
- Quedado
- Reverencia
- Siba
- Siervos
- Temor

36

Éxodo 20:1-17

M	A	T	A	R	Á	S	N	B	E	Y	N	K	T	L
J	M	T	S	F	C	X	P	G	L	B	J	E	G	R
A	K	I	T	O	H	O	I	B	Y	B	S	L	S	J
O	R	L	L	D	T	P	D	E	N	T	G	A	C	Z
I	R	N	K	L	T	N	U	I	I	R	N	N	T	C
R	K	L	O	O	A	B	E	M	C	T	H	N	N	R
E	L	J	P	H	X	R	O	I	I	I	E	D	Q	I
T	N	F	S	V	B	N	E	F	M	G	A	G	Q	A
L	O	P	Á	C	I	Q	I	S	A	A	Y	R	R	D
U	M	R	R	O	P	C	M	M	L	Y	D	Z	Á	A
D	I	Ó	A	G	Ó	K	I	R	K	L	H	N	N	S
A	T	J	T	C	E	L	O	S	O	Y	H	H	A	L
M	P	I	R	H	T	T	R	D	L	H	W	L	D	M
F	É	M	U	C	A	Z	N	A	J	E	M	E	S	T
H	S	O	H	O	R	E	J	N	A	R	T	X	E	R

- ○ Adulterio
- ○ Buey
- ○ Celoso
- ○ Codiciarás
- ○ Criada
- ○ Egipto
- ○ Extranjero
- ○ Honra
- ○ Hurtarás
- ○ Imagen
- ○ Mandamientos
- ○ Matarás
- ○ Millares
- ○ Prójimo
- ○ Santificó
- ○ Semejanza
- ○ Séptimo
- ○ Testimonio

2 Reyes 22:1-13

S	B	D	D	R	L	A	G	Y	T	Y	L	F	Z	S
L	A	Y	Q	T	B	Z	A	Í	R	E	T	N	A	C
M	O	Í	M	D	P	A	X	T	D	Z	M	F	F	M
F	H	T	S	I	F	L	J	V	T	Z	Á	V	C	T
P	C	L	A	O	C	Í	Q	L	Q	N	F	S	A	M
M	O	X	T	L	J	A	H	I	C	A	M	A	R	A
R	I	T	W	P	B	K	Í	A	N	A	H	C	P	E
O	C	C	D	D	T	A	Í	A	L	X	X	E	I	S
B	E	K	R	Q	B	A	Ñ	U	S	C	M	R	N	T
C	I	K	T	O	D	C	S	I	N	M	G	D	T	R
A	D	T	S	A	Q	E	P	W	L	N	P	O	E	O
T	T	C	R	N	M	D	W	K	F	E	R	T	R	S
N	A	G	U	A	R	D	I	A	N	E	S	E	O	N
T	K	Q	F	Z	E	D	A	R	N	O	H	C	S	Z
L	W	T	H	I	L	C	Í	A	S	T	R	L	M	X

- ○ Acbor
- ○ Adaía
- ○ Ahicam
- ○ Albañiles
- ○ Azalía
- ○ Boscat
- ○ Cantería
- ○ Carpinteros
- ○ Dieciocho
- ○ Guardianes
- ○ Hilcías
- ○ Honradez
- ○ Josías
- ○ Maestros
- ○ Mesulam
- ○ Micaías
- ○ Sacerdote
- ○ Safán

38

Deuteronomio 12:8-19

V	R	Z	P	F	Z	S	T	S	R	G	E	Q	R	E
Z	R	X	N	R	E	B	A	N	N	K	T	V	N	L
R	O	R	D	G	I	J	T	Ó	Q	X	I	E	R	E
D	T	N	U	I	E	M	I	Y	G	T	E	N	N	V
N	G	R	I	V	E	C	I	R	N	T	C	E	Z	A
M	O	Y	O	V	I	Z	A	C	X	L	A	M	M	D
S	M	B	D	D	N	N	M	R	I	B	P	I	O	A
H	H	P	N	K	O	V	V	O	A	A	X	G	D	S
K	R	E	P	N	J	B	D	N	S	D	S	O	N	F
M	B	O	F	R	E	N	D	A	S	K	E	S	A	F
L	T	X	D	E	S	A	M	P	A	R	A	R	M	J
X	F	M	V	A	T	I	B	A	H	H	L	M	E	T
F	Z	M	S	A	C	R	I	F	I	C	I	O	S	H
K	C	P	O	B	L	A	C	I	O	N	E	S	H	N
F	S	A	C	A	V	D	V	Z	T	Z	H	P	M	Q

- ○ Aceite
- ○ Bendición
- ○ Desamparar
- ○ Diezmos
- ○ Elevadas
- ○ Enemigos
- ○ Grano
- ○ Habita
- ○ Heredar
- ○ Mando
- ○ Ofrendas
- ○ Ovejas
- ○ Poblaciones
- ○ Primicias
- ○ Sacrificios
- ○ Seguros
- ○ Vacas
- ○ Vino

39

Isaías 6:1-10

B	L	N	O	R	E	I	C	E	M	E	R	T	S	E
S	G	P	B	N	K	K	N	Y	D	H	X	E	L	L
O	L	C	O	N	V	I	E	R	T	A	L	N	D	A
I	O	S	X	V	M	K	F	R	S	A	A	C	B	N
B	R	V	O	L	J	L	Y	E	I	B	Q	A	T	M
A	I	G	T	D	Z	L	N	C	A	W	M	N	T	U
L	A	Z	K	P	N	I	I	N	T	A	A	C	Z	T
C	N	S	M	R	F	U	E	N	L	Q	V	Í	R	E
D	O	D	U	A	Q	L	M	C	Z	H	A	M	Y	N
A	G	R	R	B	L	Z	N	N	M	S	R	K	B	A
D	J	E	A	V	L	H	C	B	I	H	G	X	Y	Z
I	S	B	N	Z	T	I	H	B	Q	Z	A	H	M	A
N	B	Y	N	D	Ó	U	M	K	X	M	T	D	F	S
A	L	K	M	X	M	N	P	E	P	U	E	B	L	O
S	K	M	M	O	A	D	A	T	I	U	Q	Q	L	K

- ○ Agrava
- ○ Clamaba
- ○ Convierta
- ○ Corazón
- ○ Estremecieron
- ○ Gloria
- ○ Humo
- ○ Inmundos
- ○ Labios
- ○ Llenaban
- ○ Pueblo
- ○ Quiciales
- ○ Quitada
- ○ Sanidad
- ○ Serafines
- ○ Sublime
- ○ Tenazas
- ○ Uzías

Lamentaciones 3:55-66

P	T	S	E	N	O	I	C	A	N	I	U	Q	A	M
L	E	V	A	N	T	A	R	S	E	Y	T	T	L	V
X	L	P	N	E	N	V	D	J	V	R	R	G	W	V
S	R	H	N	T	L	L	C	A	N	C	I	Ó	N	Á
A	A	W	A	S	K	R	R	Y	L	O	N	D	V	S
Z	Z	D	D	A	X	B	H	L	I	D	E	O	D	O
N	X	V	N	G	C	M	T	V	Z	S	H	T	E	R
A	W	Q	U	O	Y	I	A	R	I	E	É	G	F	I
G	O	J	F	B	C	R	E	G	J	B	U	L	I	P
N	I	G	O	A	G	S	N	L	H	D	Q	V	E	S
E	B	L	R	A	D	I	E	P	O	R	O	N	N	U
V	O	X	P	M	O	R	C	R	M	S	V	L	D	S
L	R	M	A	L	D	I	C	I	Ó	N	N	H	E	L
N	P	X	N	W	C	E	T	S	I	M	I	D	E	R
P	O	T	N	E	I	M	I	C	E	R	U	D	N	E

- ○ Abogaste
- ○ Agravio
- ○ Canción
- ○ Cielos
- ○ Defiende
- ○ Designio
- ○ Endurecimiento
- ○ Escondas
- ○ Invoqué
- ○ Jehová
- ○ Levantarse
- ○ Maldición
- ○ Maquinaciones
- ○ Oprobio
- ○ Profunda
- ○ Redimiste
- ○ Suspiros
- ○ Venganza

41

Joel 3:1-8

M	K	D	E	S	C	E	N	D	E	R	Q	A	T	W
M	T	L	Y	N	H	F	W	H	Z	T	T	Z	M	G
T	A	F	A	S	O	J	E	N	N	B	C	E	F	R
C	L	C	N	Y	B	R	N	K	G	Y	J	B	D	I
N	W	F	L	O	M	D	O	B	R	T	M	A	S	E
O	V	D	I	O	R	S	V	I	G	Q	D	C	A	G
R	B	P	S	L	I	I	R	H	C	I	N	P	B	O
E	M	A	P	D	I	E	T	S	V	I	H	L	E	S
I	S	R	Ó	G	L	S	E	I	X	M	U	L	O	D
T	Y	N	E	L	W	N	T	R	A	R	V	J	S	H
R	J	R	A	C	O	U	P	E	N	C	K	R	J	Q
A	N	V	W	I	A	K	T	N	A	K	T	N	P	Y
P	K	T	C	C	J	E	G	J	J	N	T	K	B	B
E	K	A	J	R	Z	P	R	W	E	P	L	A	T	A
R	N	F	A	R	R	E	I	T	L	M	G	P	H	J

- ○ Cabeza
- ○ Cautividad
- ○ Descender
- ○ Filistea
- ○ Griegos
- ○ Hermosas
- ○ Josafat
- ○ Juicio
- ○ Lejana
- ○ Naciones
- ○ Plata
- ○ Recaer
- ○ Repartieron
- ○ Sabeos
- ○ Sidón
- ○ Tierra
- ○ Tiro
- ○ Valle

• Deuteronomio 6:4-12

Oye, Israel: Jehová nuestro Dios, Jehová uno es. Y amarás a Jehová tu Dios de todo tu corazón, y de toda tu alma, y con todas tus fuerzas. Y estas palabras que yo te mando hoy, estarán sobre tu corazón; y las repetirás a tus hijos, y hablarás de ellas estando en tu casa, y andando por el camino, y al acostarte, y cuando te levantes. Y las atarás como una señal en tu mano, y estarán como frontales entre tus ojos; y las escribirás en los postes de tu casa, y en tus puertas.

Cuando Jehová tu Dios te haya introducido en la tierra que juró a tus padres Abraham, Isaac y Jacob que te daría, en ciudades grandes y buenas que tú no edificaste, y casas llenas de todo bien, que tú no llenaste, y cisternas cavadas que tú no cavaste, viñas y olivares que no plantaste, y luego que comas y te sacies, cuídate de no olvidarte de Jehová, que te sacó de la tierra de Egipto, de casa de servidumbre.

42

Jueces 5:1-12

R	P	S	O	L	L	I	D	U	A	C	S	Q	R	L
Z	T	R	N	H	M	A	R	C	H	A	S	T	E	M
G	Q	V	G	A	B	O	T	M	E	T	O	N	T	P
M	M	T	L	B	Í	C	N	D	V	G	F	O	E	U
R	R	E	C	P	Á	G	L	T	R	M	N	R	M	E
D	A	J	B	N	Y	A	O	D	E	B	U	A	B	R
J	V	N	T	A	N	A	T	C	Y	S	I	L	L	T
T	A	I	L	R	R	K	G	M	S	D	R	I	A	A
B	C	R	Z	Y	R	K	B	N	M	E	T	T	R	S
O	D	Q	Q	H	K	S	A	R	A	F	Y	S	O	L
J	K	M	R	U	A	J	R	R	O	R	Q	E	N	G
R	I	E	S	M	E	C	A	R	N	G	O	D	P	R
J	R	C	G	B	W	R	C	Q	I	R	K	B	J	X
M	T	A	Y	Q	W	Z	O	K	B	T	C	V	É	M
H	R	K	C	J	B	V	W	S	A	T	N	J	J	D

- ○ Abinoam
- ○ Aldeas
- ○ Anat
- ○ Arqueros
- ○ Barac
- ○ Cántico
- ○ Caudillos
- ○ Débora
- ○ Destilaron
- ○ Escogían
- ○ Jael
- ○ Marchaste
- ○ Montes
- ○ Puertas
- ○ Samgar
- ○ Seir
- ○ Temblaron
- ○ Triunfos

Génesis 1:24-31

A	L	D	A	G	Z	U	J	O	S	N	J	N	F	T
N	S	A	R	B	M	E	H	Q	R	J	P	S	F	P
L	C	E	C	Y	M	P	Z	H	F	G	K	E	R	T
T	L	I	M	B	E	S	T	I	A	S	V	R	U	A
T	L	T	E	I	V	L	N	D	X	N	J	P	C	N
N	L	A	R	L	L	N	Q	B	Z	F	S	I	T	A
F	T	M	R	X	O	L	E	N	H	S	E	E	I	Ñ
X	P	Z	W	R	K	S	A	G	E	W	L	N	F	A
V	L	N	K	J	E	N	Q	V	A	T	A	T	I	M
P	J	Y	N	F	E	I	A	Q	A	M	M	E	C	N
B	J	Y	R	V	H	J	T	R	X	K	I	S	A	Ó
L	R	U	E	N	Q	T	D	M	P	L	N	H	D	R
T	T	U	N	K	P	E	C	E	S	V	A	J	P	A
O	M	K	R	D	W	N	Q	J	V	C	R	K	D	V
N	Z	T	S	E	M	E	J	A	N	Z	A	B	G	Y

- ○ Animales
- ○ Aves
- ○ Bestias
- ○ Cielos
- ○ Fructificad
- ○ Fruto
- ○ Hembra
- ○ Imagen
- ○ Mañana
- ○ Mueven
- ○ Peces
- ○ Semejanza
- ○ Semilla
- ○ Serpientes
- ○ Sojuzgadla
- ○ Tarde
- ○ Tierra
- ○ Varón

44

Nehemías 9:5-15

B	L	G	E	T	S	I	D	I	V	I	D	R	O	N
S	M	J	P	T	C	D	O	T	P	T	N	R	H	M
T	O	W	L	R	D	E	Z	O	K	M	D	G	K	A
N	X	T	J	F	R	T	S	S	K	E	C	R	L	R
N	C	R	U	R	Z	O	E	C	N	F	N	O	C	A
Ó	M	T	O	T	I	B	O	A	D	L	D	E	A	V
I	R	M	M	R	A	L	S	X	N	T	N	Z	N	I
C	A	B	O	N	U	T	C	B	A	N	I	E	A	L
C	J	L	Í	M	E	T	S	A	X	X	K	R	N	L
I	G	A	N	H	Q	T	F	E	D	J	M	E	E	A
L	S	A	X	G	K	G	N	X	V	M	E	F	O	S
F	Q	N	X	R	E	E	S	O	P	R	I	S	Q	Q
A	T	T	A	I	B	R	E	B	O	S	N	E	Ú	X
C	T	M	S	A	D	N	U	F	O	R	P	N	L	A
T	F	B	N	Z	K	H	O	D	Í	A	S	J	Q	M

- ○ Aflicción
- ○ Amorreo
- ○ Bani
- ○ Cadmiel
- ○ Cananeo
- ○ Columna
- ○ Dividiste
- ○ Estatutos
- ○ Ferezeo
- ○ Glorioso
- ○ Hodías
- ○ Jesúa
- ○ Maravillas
- ○ Ordenaste
- ○ Poseer
- ○ Profundas
- ○ Sebanías
- ○ Soberbia

Jueces 2:6-23

A	R	D	L	D	J	S	E	R	O	D	A	B	O	R
S	N	L	D	E	J	N	V	M	N	N	Q	B	H	J
A	Ó	T	N	S	U	L	V	Y	O	M	Q	P	N	M
P	I	I	E	P	E	Y	O	Z	R	J	O	S	U	É
S	C	M	S	O	C	X	Z	P	A	G	J	D	Z	L
A	A	N	A	J	E	Z	W	C	R	P	J	D	K	P
R	R	A	R	A	S	J	P	J	O	I	K	X	R	K
T	E	T	B	R	P	H	N	M	D	M	M	O	T	B
T	N	Q	I	O	M	A	J	D	A	L	V	Í	R	L
N	E	Y	L	N	Í	B	A	H	N	O	M	J	A	E
X	G	L	K	G	B	D	A	W	C	S	Q	X	F	N
S	O	G	I	M	E	N	E	A	P	N	A	R	M	K
D	H	L	R	R	K	Q	R	N	L	J	A	A	T	W
W	F	V	E	G	V	O	W	M	K	Í	M	M	G	T
A	X	H	V	A	N	C	I	A	N	O	S	N	T	D

- ○ Adoraron
- ○ Afligían
- ○ Ancianos
- ○ Baal
- ○ Despojaron
- ○ Efraín
- ○ Enemigos
- ○ Gaas
- ○ Generación
- ○ Heredad
- ○ Josué
- ○ Jueces
- ○ Librasen
- ○ Oprimían
- ○ Provocaron
- ○ Robadores
- ○ Timnat
- ○ Traspasa

46

Nahúm 1:1-11

N	S	J	N	Ó	I	C	A	M	U	S	N	O	C	C
S	O	I	N	D	I	G	N	A	C	I	Ó	N	O	K
A	D	M	L	F	C	X	K	N	Z	O	V	L	O	P
L	I	N	T	P	X	A	W	K	L	K	L	D	A	H
B	J	A	O	Z	S	Q	R	T	L	A	K	Z	R	N
E	E	H	R	C	O	A	T	M	D	Í	A	R	í	N
I	T	U	B	E	I	V	Z	O	E	N	B	N	B	A
N	E	M	E	L	R	E	S	E	E	L	I	A	C	T
I	R	N	L	O	A	N	K	M	L	V	O	S	N	J
T	T	R	L	S	S	G	A	W	E	A	A	N	F	O
T	N	K	I	O	R	A	L	H	N	R	T	T	R	G
M	E	D	N	D	E	D	B	Q	A	K	R	R	X	D
Q	M	W	O	X	V	O	W	J	Y	N	X	L	O	F
V	N	Y	L	M	D	R	O	L	T	K	L	Q	L	F
R	Z	F	J	M	A	H	A	N	G	U	S	T	I	A

- ○ Adversarios
- ○ Amenaza
- ○ Angustia
- ○ Carmelo
- ○ Celoso
- ○ Collados
- ○ Consumación
- ○ Entretejidos
- ○ Fortaleza
- ○ Hojarasca
- ○ Indignación
- ○ Líbano
- ○ Nahum
- ○ Nínive
- ○ Polvo
- ○ Tinieblas
- ○ Torbellino
- ○ Vengador

47

2 Reyes 18:1-16

L	M	F	R	R	P	R	E	S	C	R	I	B	I	Ó
F	S	J	I	R	K	X	K	R	D	A	H	P	S	X
O	S	I	G	L	Y	S	V	M	Z	I	K	T	O	W
R	A	M	U	R	I	L	A	R	N	R	T	V	T	L
T	L	B	Y	Q	Y	S	R	Í	D	I	K	N	N	O
I	M	R	O	B	A	H	T	H	R	S	Q	Á	E	S
F	A	Q	K	R	F	L	S	E	G	A	T	J	L	N
I	N	D	U	R	K	Í	N	O	O	S	C	K	A	E
C	A	Y	M	I	M	Y	Z	R	U	S	E	A	T	I
A	S	M	M	B	C	Á	Z	H	T	C	M	M	Z	C
D	A	Y	O	H	N	I	E	D	N	L	P	W	T	N
A	R	L	R	D	F	N	A	O	M	X	D	H	J	I
L	O	F	C	F	Y	W	R	L	O	S	E	A	S	H
S	K	G	G	H	T	B	E	Z	E	Q	U	Í	A	S
M	M	S	O	R	O	S	E	T	R	S	Z	B	Z	C

- ○ Asiria
- ○ Bronce
- ○ Ezequías
- ○ Filisteos
- ○ Fortificada
- ○ Gozán
- ○ Habor
- ○ Incienso
- ○ Laquis
- ○ Nehustán
- ○ Oseas
- ○ Prescribió
- ○ Quiciales
- ○ Salmanasar
- ○ Símbolos
- ○ Talentos
- ○ Tesoros
- ○ Zacarías

Malaquías 3:1-12

S	O	T	I	D	L	A	M	G	W	D	K	O	D	J
R	O	R	E	J	N	A	R	T	X	E	T	E	O	Z
C	O	S	K	G	H	L	V	N	F	C	V	K	R	D
T	O	B	O	W	L	I	L	M	A	O	R	M	E	E
E	N	N	A	R	U	K	N	P	R	F	O	S	L	F
D	A	Z	S	D	E	L	D	A	M	T	R	O	A	R
N	F	L	A	U	O	C	D	J	N	B	A	P	N	A
U	R	T	C	H	M	O	I	E	P	X	N	O	R	U
B	É	N	G	R	R	I	M	H	L	L	I	R	O	D
A	U	M	F	W	X	I	D	R	C	Z	F	T	J	A
E	H	Y	F	N	L	Q	L	O	W	E	A	A	X	N
R	M	H	P	A	L	P	B	Q	S	F	H	R	J	D
B	I	E	N	A	V	E	N	T	U	R	A	D	O	S
O	L	Z	R	N	O	R	E	J	A	S	N	E	M	V
S	W	P	U	R	I	F	I	C	A	D	O	R	Y	F

- ○ Afinar
- ○ Alimento
- ○ Bienaventurados
- ○ Consumidos
- ○ Defraudan
- ○ Devorador
- ○ Extranjero
- ○ Hechiceros
- ○ Huérfano
- ○ Jornalero
- ○ Malditos
- ○ Mensajero
- ○ Pacto
- ○ Purificador
- ○ Robado
- ○ Sobreabunde
- ○ Soportar
- ○ Viuda

49

Proverbios 16:1-11

L	B	F	M	U	C	H	E	D	U	M	B	R	E	W
A	B	A	V	L	J	U	S	T	I	C	I	A	K	B
D	Z	J	L	K	E	L	X	S	K	N	T	T	X	C
O	M	E	C	A	L	N	O	L	O	Ó	N	T	C	A
P	Z	P	R	T	N	D	G	R	J	I	F	O	P	M
I	R	S	R	E	A	Z	Á	U	D	C	R	X	C	I
N	N	U	K	M	D	C	A	D	A	A	L	B	Z	N
I	X	T	R	Q	U	N	R	S	Z	N	D	K	V	O
Ó	D	I	N	L	E	M	E	Ó	Z	I	H	R	T	S
N	F	R	O	N	T	N	N	M	W	M	N	J	E	M
A	Q	Í	U	P	F	Q	F	R	G	O	R	J	Y	V
G	L	P	J	A	G	R	A	D	A	B	L	E	S	Z
N	M	S	S	O	T	N	E	I	M	A	S	N	E	P
I	Q	E	K	C	Q	Q	O	H	C	E	R	E	D	H
Z	N	D	I	S	P	O	S	I	C	I	O	N	E	S

- ○ Abominación
- ○ Afirmados
- ○ Agradables
- ○ Balanzas
- ○ Caminos
- ○ Corazón
- ○ Derecho
- ○ Disposiciones
- ○ Endereza
- ○ Espíritus
- ○ Impune
- ○ Justicia
- ○ Lengua
- ○ Muchedumbre
- ○ Opinión
- ○ Oráculo
- ○ Pensamientos
- ○ Verdad

Salmos 42:1-11

M	I	S	E	R	I	C	O	R	D	I	A	V	N	B
Y	X	Y	N	W	C	Á	N	T	I	C	O	S	Á	D
S	H	J	M	R	I	B	R	Y	F	T	A	A	D	U
A	E	X	R	S	E	H	L	X	H	M	M	R	R	T
L	R	H	N	A	R	N	K	S	I	L	R	C	O	I
V	M	X	D	U	V	R	Q	R	A	Z	G	N	J	T
A	O	C	W	G	O	J	G	W	L	B	G	B	D	L
C	N	T	A	A	Y	Á	Y	O	C	X	R	E	V	U
I	I	Y	Y	S	L	N	N	N	G	M	R	U	P	M
Ó	T	D	Y	M	C	D	S	M	J	R	I	F	T	D
N	A	Y	M	D	A	A	T	O	A	L	Q	Z	N	L
Z	S	N	C	S	G	L	D	M	S	L	T	K	A	X
T	K	G	N	Q	K	P	O	A	M	E	N	B	K	R
Y	O	D	A	T	U	L	N	E	S	L	U	N	L	G
N	Ó	I	S	E	R	P	O	L	L	M	G	H	Y	Z

- ○ Aguas
- ○ Alma
- ○ Cántico
- ○ Cascadas
- ○ Ciervo
- ○ Derramo
- ○ Enlutado
- ○ Hermonitas
- ○ Huesos
- ○ Jordán
- ○ Lágrimas
- ○ Misericordia
- ○ Mizar
- ○ Multitud
- ○ Ondas
- ○ Opresión
- ○ Salvación
- ○ Turbas

Lamentaciones 1:1-8

R	E	B	E	L	I	O	N	E	S	D	G	C	A	K
S	B	U	R	L	A	R	O	N	E	M	D	A	Z	B
A	A	A	R	I	P	S	U	S	B	E	S	U	N	F
R	X	I	Y	L	M	P	A	F	S	J	A	T	E	P
U	K	M	C	C	P	P	L	O	T	I	M	I	Ü	L
G	J	A	Q	N	A	R	U	Y	R	L	I	V	G	A
R	V	Z	R	R	I	G	E	A	B	L	R	E	R	I
A	Y	C	E	U	I	V	S	M	F	A	G	R	E	R
M	M	C	A	T	S	O	O	G	O	S	Á	I	V	A
A	I	T	N	L	L	O	H	R	T	V	L	O	H	T
Ó	R	A	X	U	Z	W	M	S	P	G	I	G	K	U
V	J	L	P	P	W	A	I	R	P	B	L	D	Q	B
Y	J	O	W	P	R	O	D	K	E	X	K	T	A	I
L	P	N	J	G	N	D	K	A	N	H	F	N	Q	R
S	A	R	U	H	C	E	R	T	S	E	Q	N	K	T

- ○ Amargura
- ○ Antiguos
- ○ Burlaron
- ○ Calzadas
- ○ Cautiverio
- ○ Desapareció
- ○ Estrechuras
- ○ Hermosura
- ○ Lágrimas
- ○ Mejillas
- ○ Populosa
- ○ Provincias
- ○ Rebeliones
- ○ Removida
- ○ Sion
- ○ Suspira
- ○ Tributaria
- ○ Vergüenza

52

Salmos 42:1-11

D	H	M	N	Í	N	I	V	E	Q	T	F	L	X	C
A	E	Q	S	U	N	T	U	O	S	I	D	A	D	N
C	N	S	Q	M	V	L	W	G	L	T	M	Q	Á	K
V	A	O	F	J	N	C	A	C	H	O	R	R	O	S
S	X	V	E	A	X	S	J	R	V	T	A	H	E	A
A	S	T	E	L	L	A	E	H	J	R	R	N	T	D
Q	A	P	V	R	C	L	H	N	U	N	O	Z	E	A
U	H	P	F	O	N	T	E	S	O	R	Z	N	N	J
E	C	A	B	H	L	A	E	C	G	R	P	Y	T	A
A	R	L	D	F	Y	R	S	U	I	Q	A	P	R	M
D	O	O	Y	Z	P	Q	M	F	X	D	L	V	A	R
O	T	M	N	A	M	L	F	T	M	A	O	J	Ñ	T
R	N	A	Y	X	X	H	X	G	T	G	R	T	A	N
E	A	S	Á	R	A	R	U	A	T	S	E	R	S	V
S	R	S	E	L	B	A	I	C	I	D	O	C	R	M

- ○ Antorchas
- ○ Apresurarán
- ○ Cachorros
- ○ Cavernas
- ○ Codiciables
- ○ Desfallecido
- ○ Entrañas
- ○ Jacob
- ○ Leona
- ○ Majada
- ○ Mugrones
- ○ Nínive
- ○ Palomas
- ○ Plata
- ○ Restaurará
- ○ Saqueadores
- ○ Suntuosidad
- ○ Varones

53

Josué 2:1-24

G	N	K	E	N	T	R	E	G	A	D	O	X	R	P
C	V	Á	T	L	A	Ñ	E	S	H	V	J	R	O	E
O	P	N	D	Z	T	F	G	N	Q	R	S	F	T	R
D	T	T	G	R	T	N	A	M	Z	E	G	H	N	S
A	Y	T	R	R	O	K	T	M	R	M	E	V	E	E
R	V	L	A	R	X	J	T	A	I	R	X	H	M	G
R	E	M	N	P	V	S	I	V	M	L	Ó	K	A	U
E	N	N	A	Q	O	C	R	A	M	N	I	Y	R	I
T	T	L	Q	J	N	P	N	A	K	I	K	A	U	D
L	A	Y	O	U	W	O	Ó	M	H	L	T	C	J	O
Y	N	N	N	L	S	X	D	F	H	A	R	I	R	R
Z	A	E	F	V	N	N	R	F	B	V	B	P	S	E
M	D	H	R	F	K	N	O	D	M	V	C	M	P	S
Q	Q	T	Z	W	Q	W	C	N	K	L	P	C	T	K
Q	U	E	D	A	D	O	J	Ó	C	I	R	E	J	F

- ○ Cordón
- ○ Denunciares
- ○ Entregado
- ○ Familia
- ○ Grana
- ○ Hermanos
- ○ Jericó
- ○ Jordán
- ○ Juramento
- ○ Manojos
- ○ Perseguidores
- ○ Quedado
- ○ Rahab
- ○ Sehón
- ○ Señal
- ○ Sitim
- ○ Terrado
- ○ Ventana

54

Esdras 6:13-22

B	C	K	L	E	V	I	T	A	S	A	P	Z	L	P
H	Z	A	L	P	D	W	R	L	I	H	S	I	M	E
P	A	J	R	R	A	U	L	R	M	D	E	A	R	R
X	H	R	M	N	D	S	I	R	E	R	J	N	S	S
K	F	Z	O	A	E	S	C	D	J	Y	R	T	A	I
Z	D	R	V	D	A	R	I	U	K	P	E	A	I	A
A	K	E	M	P	A	C	O	M	A	H	J	T	C	S
C	L	G	L	V	A	N	Z	S	N	M	A	X	I	O
A	W	B	E	C	E	R	R	O	S	H	T	C	D	L
R	N	M	I	L	R	Q	Q	E	K	Q	R	F	N	E
Í	F	Ó	M	B	N	D	M	T	B	L	A	D	U	M
A	N	H	W	W	L	Y	R	X	X	O	Q	A	M	N
S	E	T	O	D	R	E	C	A	S	D	G	R	N	E
N	A	B	A	C	I	F	I	D	E	J	K	Í	I	R
S	A	C	R	I	F	I	C	A	R	O	N	O	H	Y

- ○ Artajerjes
- ○ Asiria
- ○ Becerros
- ○ Carneros
- ○ Darío
- ○ Dedicación
- ○ Edificaban
- ○ Gobernadora
- ○ Inmundicias
- ○ Levadura
- ○ Levitas
- ○ Pascua
- ○ Persia
- ○ Sacerdotes
- ○ Sacrificaron
- ○ Solemne
- ○ Tatnai
- ○ Zacarías

55

Josué 3:1-17

J	T	L	M	O	E	S	E	G	R	E	G	H	C	R
D	S	A	N	T	I	F	I	C	A	O	S	X	N	O
K	L	R	Z	R	I	T	F	Y	N	B	M	Á	N	F
R	Z	Q	N	R	N	O	X	F	R	F	D	E	O	I
N	M	L	M	C	X	W	E	K	D	R	T	L	E	C
D	Á	E	R	K	A	Z	B	V	O	N	H	E	S	I
I	S	T	D	K	A	N	W	J	E	C	T	T	U	A
R	K	M	E	K	C	O	A	I	C	H	W	N	B	L
E	D	F	O	R	R	T	S	N	N	J	R	E	E	E
C	L	F	Z	I	A	A	M	P	E	R	G	I	J	S
C	D	L	L	L	S	S	R	F	C	O	M	V	L	Q
I	M	L	G	M	M	É	M	N	M	L	D	I	T	R
Ó	A	G	N	O	R	A	S	O	P	E	R	V	G	X
N	V	R	T	M	A	R	A	V	I	L	L	A	S	N
N	T	N	D	C	A	M	P	A	M	E	N	T	O	R

- ○ Arca
- ○ Asienten
- ○ Campamento
- ○ Cananeo
- ○ Dirección
- ○ Firmes
- ○ Gergeseo
- ○ Heveo
- ○ Jebuseo
- ○ Jordán
- ○ Maravillas
- ○ Moisés
- ○ Oficiales
- ○ Orilla
- ○ Reposaron
- ○ Santificaos
- ○ Saretán
- ○ Viviente

56

Jueces 11:1-13

H M É P K N L T M O R A M O S
J M T V C R R Z P R L S L A B
T P F K Ó T I B A H O F P T O
K E E V F K B M F N K Z K S S
M L J N G H N E A Z I T O R O
G E N Ó N Q X I G M C R L M R
R E D M Z O C V R I E N D N E
L M B A K N C Y L L P W L Q J
R O B O A C B I A T Q T G Z A
G S K C T K X V O F C U O P S
A C A U D I L L O S E O U X N
L Y T D T M K K L R O E B V E
A G R L J R T R R M B S M A M
A L P F F N H A Z L L H M J J
D N O R E I D N O P S E R C N

- ○ Amón
- ○ Ancianos
- ○ Caudillo
- ○ Egipto
- ○ Galaad
- ○ Guerra
- ○ Habitó
- ○ Jaboc
- ○ Jefté
- ○ Mensajeros
- ○ Mizpa
- ○ Moramos
- ○ Ociosos
- ○ Peleemos
- ○ Pueblo
- ○ Respondieron
- ○ Tob
- ○ Valeroso

Hageo 2:1-9

K	Q	P	C	X	H	R	J	S	Q	X	N	Q	T	B
J	N	E	L	C	R	P	É	Q	N	X	G	V	E	Y
Q	C	L	S	Q	A	P	W	S	R	O	S	E	M	W
D	Z	P	J	P	T	D	O	K	B	T	E	I	B	K
A	O	Q	R	I	Í	L	A	E	N	Y	N	N	L	G
J	M	K	M	O	E	R	R	S	Y	K	O	T	A	L
A	I	O	M	I	F	N	I	A	O	V	I	I	R	O
B	N	M	C	L	A	E	R	T	J	J	C	Ú	L	R
A	Á	L	N	D	R	E	T	K	U	V	A	N	R	I
R	T	T	O	M	R	J	N	A	R	R	N	P	L	A
T	B	R	P	T	R	L	E	B	A	B	O	R	O	Z
M	K	X	S	Z	E	S	F	U	É	R	Z	A	T	E
C	G	O	J	P	M	G	O	E	G	A	H	L	B	Q
R	P	R	P	R	I	M	E	R	A	K	R	K	T	N
H	B	T	B	N	Y	S	A	L	A	T	I	E	L	B

- ○ Ánimo
- ○ Cielos
- ○ Esfuérzate
- ○ Espíritu
- ○ Gloria
- ○ Gobernador
- ○ Hageo
- ○ Josadac
- ○ Naciones
- ○ Postrera
- ○ Primera
- ○ Profeta
- ○ Temblar
- ○ Trabajad
- ○ Salatiel
- ○ Séptimo
- ○ Veintiún
- ○ Zorobabel

58

Deuteronomio 8:1-11

H	E	T	R	A	B	O	R	P	R	M	G	D	M	P
D	D	S	A	R	D	E	I	P	B	R	O	F	C	O
O	M	W	R	R	N	B	C	N	A	J	T	W	T	D
R	C	A	S	T	I	G	A	N	S	R	N	N	E	E
D	H	K	Y	L	V	D	A	O	I	M	E	V	T	S
E	P	J	S	W	K	D	Y	G	N	I	M	O	I	I
N	K	N	L	A	O	O	O	Y	M	F	A	D	E	E
O	W	C	L	S	R	Y	O	A	T	X	R	I	C	R
M	P	Q	E	R	K	E	D	L	N	G	U	T	A	T
R	H	J	A	B	T	N	U	T	I	T	J	S	Q	O
M	M	D	T	M	A	W	N	G	Y	V	K	E	V	T
F	Y	N	N	M	Z	D	N	N	I	J	O	V	D	L
K	E	R	B	M	A	H	A	M	J	H	N	S	T	R
Y	J	M	U	L	T	I	P	L	I	C	A	D	O	S
N	E	L	O	D	N	É	I	M	E	T	R	Y	Q	Q

- ○ Aceite
- ○ Arroyos
- ○ Castiga
- ○ Cebada
- ○ Desierto
- ○ Granados
- ○ Hambre
- ○ Higueras
- ○ Juramento
- ○ Mandamiento
- ○ Multiplicados
- ○ Olivos
- ○ Ordeno
- ○ Piedras
- ○ Probarte
- ○ Teméndole
- ○ Trigo
- ○ Vestido

Ezequiel 34:1-10

C	O	L	L	A	D	O	M	R	V	N	N	Y	G	H
J	K	J	A	D	A	D	R	O	G	N	E	V	X	Q
F	F	M	F	L	I	B	R	A	R	É	K	E	N	A
S	Y	N	K	K	G	R	R	N	T	K	R	R	O	D
O	K	D	D	P	R	G	K	T	N	B	T	R	R	A
Ñ	O	U	R	E	H	S	E	K	M	H	P	A	A	R
A	V	R	A	K	M	N	A	O	G	A	X	R	T	B
B	E	E	T	Z	F	A	H	R	L	T	X	U	N	E
E	J	Z	M	E	I	J	N	A	E	S	T	S	E	U
R	A	A	R	O	L	T	B	D	A	I	N	O	C	Q
L	S	M	L	G	N	R	E	C	A	D	F	R	A	I
Q	A	B	V	L	A	T	O	F	R	R	B	G	P	N
L	G	R	K	N	Q	B	E	G	O	J	É	J	A	R
X	F	X	L	V	K	B	H	S	W	R	T	Y	N	E
S	E	R	O	T	S	A	P	R	K	J	P	Q	H	P

- ○ Apacentaron
- ○ Bocas
- ○ Collado
- ○ Demandaré
- ○ Dureza
- ○ Enferma
- ○ Engordada
- ○ Fieras
- ○ Grosura
- ○ Hombre
- ○ Libraré
- ○ Montes
- ○ Ovejas
- ○ Palabra
- ○ Pastores
- ○ Perniquebrada
- ○ Profetiza
- ○ Rebaños

60

Nehemías 2:11-20

N	T	D	E	C	L	A	R	A	D	O	L	M	S	N
N	M	E	S	E	G	Q	Y	M	K	X	T	A	R	V
V	K	S	X	O	F	K	J	T	P	N	D	X	S	F
W	P	E	A	F	Í	K	M	E	J	I	Y	A	F	T
J	H	D	L	Í	Y	D	L	D	M	Y	C	U	W	S
X	Q	I	M	B	B	L	U	U	C	E	E	Q	E	T
J	E	F	D	Y	A	O	S	J	R	N	A	L	A	D
E	T	I	T	V	D	N	T	D	T	X	B	T	I	H
R	N	Q	T	L	O	R	O	E	Z	O	A	N	R	V
U	E	U	K	C	M	T	A	P	N	G	G	H	O	P
S	R	E	G	X	E	R	W	G	R	H	L	D	M	Q
A	R	M	D	S	N	W	G	Q	Ó	O	A	B	E	X
L	O	O	K	X	Z	J	M	L	Q	N	B	W	M	N
É	T	S	T	A	L	A	B	N	A	S	A	I	J	M
N	O	F	I	C	I	A	L	E	S	N	C	J	O	R

- ○ Cabalgaba
- ○ Consumidas
- ○ Declarado
- ○ Dragón
- ○ Edifiquemos
- ○ Fuente
- ○ Gesem
- ○ Jerusalén
- ○ Judíos
- ○ Memoria
- ○ Nobles
- ○ Oficiales
- ○ Oprobio
- ○ Sacerdotes
- ○ Sanbalat
- ○ Tobías
- ○ Torrente
- ○ Valle

• Rut 1:16-22

Respondió Rut: No me ruegues que te deje, y me aparte de ti; porque a dondequiera que tú fueres, iré yo, y dondequiera que vivieres, viviré. Tu pueblo será mi pueblo, y tu Dios mi Dios. Donde tú murieres, moriré yo, y allí seré sepultada; así me haga Jehová, y aun me añada, que solo la muerte hará separación entre nosotras dos. Y viendo Noemí que estaba tan resuelta a ir con ella, no dijo más.

Anduvieron, pues, ellas dos hasta que llegaron a Belén; y aconteció que habiendo entrado en Belén, toda la ciudad se conmovió por causa de ellas, y decían: ¿No es esta Noemí? Y ella les respondía: No me llaméis Noemí, sino llamadme Mara; porque en grande amargura me ha puesto el Todopoderoso. Yo me fui llena, pero Jehová me ha vuelto con las manos vacías. ¿Por qué me llamaréis Noemí, ya que Jehová ha dado testimonio contra mí, y el Todopoderoso me ha afligido?

Así volvió Noemí, y Rut la moabita su nuera con ella; volvió de los campos de Moab, y llegaron a Belén al comienzo de la siega de la cebada.

61

Josué 23:1-16

R	M	M	A	T	R	I	M	O	N	I	O	S	L	N
L	E	O	D	A	T	L	A	F	M	H	G	C	C	N
K	T	S	D	D	L	Z	D	N	Ó	I	C	N	E	M
P	C	R	I	C	E	V	O	Z	E	I	P	O	R	T
P	F	E	L	S	X	S	Q	R	L	N	D	W	X	B
R	L	C	I	R	T	K	T	N	A	H	G	W	Y	X
O	Z	O	G	S	V	I	R	R	R	D	Á	Y	R	M
N	A	N	E	O	M	R	R	Y	U	V	R	O	L	K
T	I	O	N	N	X	P	Q	E	O	I	D	A	N	J
A	C	C	C	A	R	Z	S	H	K	A	D	K	U	J
M	N	E	I	I	Z	P	E	P	Z	P	P	A	Z	G
E	E	D	A	C	I	J	M	N	F	J	F	B	S	G
N	R	H	Y	N	D	T	A	J	U	E	C	E	S	R
T	E	F	A	A	Y	V	C	O	R	A	Z	Ó	N	L
E	H	S	N	K	A	H	N	A	C	I	O	N	E	S

- Ancianos
- Avanzado
- Corazón
- Destruidas
- Diligencia
- Espinas
- Faltado
- Guardar
- Herencia
- Jehová
- Jueces
- Matrimonios
- Mención
- Naciones
- Prontamente
- Reconoced
- Resistir
- Tropiezo

62

Rut 1:1-18

A	R	N	T	M	O	A	B	I	T	A	S	T	U	R
R	T	B	T	N	M	C	E	L	E	M	I	L	E	T
U	Z	N	G	H	T	K	N	X	N	X	L	N	D	M
G	M	L	Ó	C	O	M	E	N	Z	A	R	O	N	G
R	D	C	T	I	C	M	Y	X	R	J	N	D	K	W
A	X	F	U	F	C	R	Z	S	R	D	B	E	L	O
M	R	N	K	Ñ	N	A	O	W	E	K	S	S	R	R
A	A	T	O	N	A	D	R	Q	J	E	G	A	K	F
T	R	L	É	R	I	D	U	A	R	M	Q	M	Z	A
W	G	L	M	R	A	I	A	E	P	U	B	P	N	N
X	E	M	A	N	E	R	I	W	E	E	R	A	D	Ó
B	U	M	R	R	O	V	O	L	W	R	S	R	W	L
V	S	K	A	T	I	E	I	L	V	K	R	A	Z	H
T	C	L	H	V	P	Ó	M	G	L	H	K	D	G	A
L	C	Y	L	F	N	F	Y	Í	R	G	P	A	W	M

- ○ Amargura
- ○ Belén
- ○ Comenzaron
- ○ Cuñada
- ○ Desamparada
- ○ Dondequiera
- ○ Elimelec
- ○ Lloraron
- ○ Mahlón
- ○ Maridos
- ○ Moabitas
- ○ Noemí
- ○ Orfa
- ○ Quelión
- ○ Rut
- ○ Separación
- ○ Suegra
- ○ Vivieres

63

Proverbios 31:10-31

M	R	F	A	A	S	A	I	C	N	A	N	A	G	T
P	A	K	D	D	L	P	R	E	C	I	O	S	A	S
S	S	M	A	A	E	E	Y	E	M	L	K	K	R	Y
A	O	E	B	R	S	P	N	L	D	T	H	G	P	C
S	U	N	A	U	F	A	X	G	B	A	F	D	P	L
A	T	E	L	T	U	D	R	H	A	A	C	S	H	A
P	R	S	A	N	E	P	K	U	M	Ñ	O	R	I	N
E	I	T	J	E	R	Z	Ú	I	D	I	O	C	E	R
R	V	E	W	V	Z	R	L	R	C	I	N	S	U	M
B	T	R	M	A	A	I	J	O	P	E	T	E	A	Z
O	F	O	R	N	A	N	G	H	M	U	C	S	K	P
S	K	S	V	E	V	E	N	E	J	A	R	W	E	G
M	M	O	K	I	N	W	L	R	B	N	R	A	M	V
J	Q	W	M	B	T	C	L	Q	B	A	Ñ	I	V	N
X	P	P	H	C	R	I	A	D	A	S	R	L	V	W

- ○ Alabada
- ○ Bienaventurada
- ○ Clemencia
- ○ Criadas
- ○ Engañosa
- ○ Esfuerza
- ○ Familia
- ○ Ganancias
- ○ Menesteroso
- ○ Mercader
- ○ Negocios
- ○ Preciosas
- ○ Púrpura
- ○ Rueca
- ○ Sobrepasas
- ○ Vestidura
- ○ Viña
- ○ Virtuosa

64

Salmos 19:1-14

R A Í R U D I B A S Z W G D S
G Z Q K F L H C I E L O S T E
E O N E L L H F P F K Q E R N
J L S N P N D V C C G R C E C
A U O S R A Ó E B N R R N D I
U C B E E R C D S O M O N E L
G Á E Ñ C B Y R R E D Z C N L
N N R O E M X E P A A N N T O
E R B R P U S O T Z L B T O T
L E I E T L M S W P D A L R Y
T B A E O A E K H T V R G E X
B A S N L N W K T D V L J K S
M T N Á O O T N E M A M R I F
J M T M H L P O M E R T X E R
M R A M E D I T A C I Ó N F T

- ○ Alumbra
- ○ Amonestado
- ○ Cielos
- ○ Deseables
- ○ Enseñoreen
- ○ Errores
- ○ Extremo
- ○ Firmamento
- ○ Galardón
- ○ Lenguaje
- ○ Meditación
- ○ Precepto
- ○ Redentor
- ○ Sabiduría
- ○ Sencillo
- ○ Soberbias
- ○ Tabernáculo
- ○ Tálamo

65

Job 42:7-17

W	N	X	P	P	K	C	H	K	L	Q	Q	G	Z	F
V	Ó	N	O	R	E	I	L	O	D	N	O	C	A	L
J	I	M	N	S	J	Y	U	N	T	A	S	T	T	V
C	C	Z	I	M	N	O	M	N	I	W	I	R	T	F
N	C	A	A	Y	H	L	B	C	D	T	Z	E	C	C
N	I	M	Z	F	T	C	N	F	A	D	O	R	N	A
Ó	L	H	B	M	I	E	A	M	H	L	F	T	V	R
I	F	J	K	C	R	L	A	M	M	W	A	S	S	N
C	A	G	H	E	Y	A	E	Z	E	R	R	O	Q	E
A	K	W	H	R	N	D	T	Z	R	L	R	P	T	R
R	M	K	B	I	L	D	A	D	T	R	L	H	R	O
E	A	T	I	N	A	M	E	T	E	V	H	O	W	S
N	V	J	E	M	I	M	A	C	R	X	B	X	S	T
E	A	T	I	H	U	S	E	T	K	P	Q	T	K	V
G	W	R	G	M	L	B	Y	X	M	Z	N	V	Z	V

- ○ Aflicción
- ○ Becerros
- ○ Bildad
- ○ Camellos
- ○ Carneros
- ○ Cesia
- ○ Condolieron
- ○ Elifaz
- ○ Generación
- ○ Herencia
- ○ Jemima
- ○ Job
- ○ Naamatita
- ○ Postrer
- ○ Suhita
- ○ Temanita
- ○ Yuntas
- ○ Zofar

2 Reyes 2:1-17

H	N	Ó	I	C	R	O	P	X	R	N	J	E	C	N
X	M	Y	L	A	G	L	I	G	O	M	L	C	O	Y
N	R	R	B	T	M	M	L	R	H	I	L	R	N	R
O	M	C	Y	Y	V	Z	A	N	S	K	A	Y	O	J
D	A	P	L	Y	H	C	L	E	L	N	V	T	R	J
N	N	S	M	A	S	O	O	V	U	Q	O	V	A	N
A	T	P	A	U	M	C	D	T	L	R	T	M	C	O
L	O	E	B	T	N	A	R	A	B	N	X	W	R	R
B	J	L	J	L	E	O	B	E	E	T	N	I	E	E
A	H	Í	T	O	P	F	L	A	K	P	L	M	C	I
H	L	A	T	M	R	L	O	R	J	L	L	F	A	N
M	X	S	I	P	I	D	Q	R	A	T	M	O	T	I
F	L	L	F	N	L	J	Á	V	P	T	L	H	G	V
Y	N	Y	O	M	F	C	I	N	C	U	E	N	T	A
T	C	J	E	R	I	C	Ó	X	W	B	T	Q	X	J

- ○ Acercaron
- ○ Buscaron
- ○ Cincuenta
- ○ Clamaba
- ○ Elías
- ○ Eliseo
- ○ Gilgal
- ○ Golpeado
- ○ Hablando
- ○ Importunaron
- ○ Jericó
- ○ Jordán
- ○ Manto
- ○ Orilla
- ○ Porción
- ○ Profetas
- ○ Torbellino
- ○ Vinieron

67

Oseas 14:1-9

F	V	O	X	T	M	O	N	T	A	R	E	M	O	S
L	L	X	L	T	Y	H	V	L	G	M	G	R	R	K
Á	D	O	B	I	M	W	N	O	P	R	L	X	E	N
R	Á	P	R	N	V	Q	R	N	A	V	O	Q	B	N
A	R	V	G	E	G	O	O	A	L	D	R	X	E	X
M	A	L	O	T	C	I	R	B	A	M	I	N	L	O
U	Z	Q	M	H	R	E	Í	Í	B	T	A	B	I	L
F	N	D	L	I	E	D	R	L	R	V	Y	R	Ó	K
R	A	K	S	Q	O	J	K	Á	A	B	I	K	N	T
E	C	A	C	L	N	K	Q	M	S	L	M	R	P	T
P	L	M	O	N	L	F	K	K	C	A	E	R	Á	N
R	A	S	V	I	V	I	F	I	C	A	D	O	S	J
N	D	A	D	I	U	Q	I	N	I	L	L	J	T	B
N	Z	R	L	B	L	M	P	R	U	D	E	N	T	E
O	F	R	E	C	E	R	E	M	O	S	X	Y	K	Y

- ○ Alcanzará
- ○ Asirio
- ○ Caerán
- ○ Florecerá
- ○ Gloria
- ○ Ídolos
- ○ Iniquidad
- ○ Jehová
- ○ Líbano
- ○ Lirio
- ○ Montaremos
- ○ Ofreceremos
- ○ Olivo
- ○ Palabras
- ○ Perfumará
- ○ Prudente
- ○ Rebelión
- ○ Vivificados

68

2 Crónicas 3:1-17

R	C	Z	P	W	V	N	B	N	Z	N	K	N	R	G
O	L	W	R	Ó	P	A	R	V	A	I	M	N	M	E
M	E	L	Y	C	R	F	V	S	Z	Z	B	V	Q	S
S	M	S	Q	R	R	T	E	W	N	V	Q	M	M	C
L	O	T	U	T	W	L	I	Á	N	S	U	S	N	U
C	H	L	N	B	E	V	N	C	A	S	E	O	K	L
N	O	X	C	T	E	R	R	L	O	E	R	T	D	P
K	Z	D	I	I	O	J	O	G	F	L	U	N	U	I
N	K	P	O	S	S	M	R	G	H	A	B	E	T	Ó
V	A	D	A	S	Ó	A	P	C	L	R	I	S	I	P
C	L	G	T	N	N	X	C	N	Y	B	N	O	G	N
B	I	Z	M	A	K	Q	T	K	H	M	E	P	N	X
V	P	N	D	N	Í	U	Q	A	J	U	S	A	O	F
W	Y	A	L	O	I	R	A	U	T	N	A	S	L	K
V	S	H	F	C	I	M	I	E	N	T	O	S	P	J

○ Aposentos
○ Capiteles
○ Cimientos
○ Codos
○ Esculpió
○ Granadas
○ Jaquín
○ Jebuseo
○ Longitud
○ Ornán
○ Parvaim
○ Pórtico
○ Querubines
○ Salomón
○ Santuario
○ Siclos
○ Umbrales
○ Vigas

1 Crónicas 17:16-27

X	L	M	L	R	N	P	F	G	M	Q	B	Q	P	L
A	P	R	V	B	G	L	O	R	I	F	I	C	A	R
P	Z	E	T	S	A	L	E	V	E	R	T	R	F	O
M	U	E	C	O	N	S	T	I	T	U	I	D	O	D
A	C	E	D	E	M	R	I	F	L	C	F	O	E	I
R	N	O	B	N	R	K	J	J	E	K	N	X	S	C
A	O	B	R	L	A	H	B	D	Q	A	C	C	E	E
V	T	N	G	A	O	R	N	T	J	E	J	Y	I	D
I	O	D	B	L	Z	E	G	E	L	R	B	J	M	N
L	R	A	J	Y	B	Ó	L	E	B	I	K	Q	I	A
L	I	V	Q	M	J	M	N	L	M	D	L	N	D	R
A	A	I	N	G	X	T	Q	W	G	A	Y	B	E	G
S	S	D	F	M	E	N	K	L	R	Ñ	B	H	R	N
P	E	R	M	A	N	E	Z	C	A	A	N	L	W	E
L	G	H	L	N	W	L	M	M	O	T	I	V	O	M

- ○ Añadir
- ○ Bendecir
- ○ Constituido
- ○ Corazón
- ○ David
- ○ Engrandecido
- ○ Excelente
- ○ Firme
- ○ Glorificar
- ○ Grandeza
- ○ Lejano
- ○ Maravillas
- ○ Motivo
- ○ Notorias
- ○ Permanezca
- ○ Pueblo
- ○ Redimiese
- ○ Revelaste

70

Ezequiel 37:1-10

Y	L	D	E	R	R	E	D	O	R	G	T	N	M	T
D	O	E	M	P	S	E	N	O	D	N	E	T	W	M
L	D	X	L	V	C	M	J	P	D	M	V	C	M	T
D	A	R	V	L	D	B	J	M	W	Q	M	V	E	P
M	D	N	Z	T	A	Q	Y	A	C	M	G	N	R	R
E	N	Y	Q	L	V	V	M	C	P	E	R	S	R	O
S	A	K	R	P	K	N	N	Q	X	A	B	O	L	F
P	M	X	R	N	I	Á	N	T	C	S	G	T	M	E
Í	N	K	Q	G	R	E	R	O	E	B	V	N	Y	T
R	W	R	W	I	E	E	S	C	R	F	K	E	R	I
I	C	N	V	Y	M	N	O	L	B	A	O	I	K	Z
T	F	I	K	O	K	S	T	R	L	N	T	V	R	A
U	V	N	N	C	N	T	H	R	A	J	T	N	K	B
G	M	U	E	R	T	O	S	M	A	D	F	N	U	A
S	O	S	E	U	H	L	P	K	D	R	L	L	K	J

- ○ Campo
- ○ Carne
- ○ Derredor
- ○ Entrar
- ○ Espíritu
- ○ Extremo
- ○ Huesos
- ○ Juntaron
- ○ Mandado
- ○ Mano
- ○ Muertos
- ○ Pies
- ○ Profetizaba
- ○ Secos
- ○ Tendones
- ○ Valle
- ○ Vientos
- ○ Vivirán

Esdras 8:24-36

L	H	V	O	L	U	N	T	A	R	I	A	L	M	D
T	C	Q	X	B	T	Q	R	L	G	S	K	L	R	S
B	R	O	N	C	E	T	M	T	A	K	S	A	F	O
R	A	Z	A	E	L	E	V	Í	R	O	C	S	N	L
Z	V	M	C	C	T	R	B	B	T	M	Á	P	F	D
C	N	L	E	N	O	A	K	N	A	T	Y	C	N	A
O	J	P	N	R	S	N	E	S	R	J	T	Y	O	D
N	Q	L	Q	A	E	S	S	A	L	R	A	R	A	R
S	K	T	H	R	O	M	P	A	X	B	V	C	D	A
E	B	M	X	P	L	A	O	S	G	L	A	Z	Í	U
J	T	B	A	G	S	Y	R	T	E	R	H	M	A	G
E	J	O	Z	A	B	A	D	P	C	E	A	Q	S	Y
R	V	S	O	T	N	E	L	A	T	J	N	D	K	Z
O	K	D	N	Ó	I	C	A	I	P	X	E	I	O	T
S	E	R	E	B	Í	A	S	N	T	B	M	X	F	S

- ○ Ahava
- ○ Aposentos
- ○ Bronce
- ○ Consagrados
- ○ Consejeros
- ○ Dracmas
- ○ Eleazar
- ○ Expiación
- ○ Finees
- ○ Guardadlos
- ○ Hasabías
- ○ Jozabad
- ○ Meremot
- ○ Noadías
- ○ Sátrapas
- ○ Serebías
- ○ Talentos
- ○ Voluntaria

72

Hageo 1:3-15

O	Q	Q	W	X	N	M	V	D	F	S	T	S	K	K
S	G	T	F	L	H	K	B	X	A	D	O	E	S	K
V	A	I	D	A	R	Í	O	D	G	P	B	T	A	Q
E	M	L	R	B	G	B	A	O	L	W	N	I	T	N
I	E	W	A	T	V	N	M	O	E	C	G	E	I	L
N	N	G	F	T	O	D	R	L	G	G	A	C	S	T
T	C	X	K	S	I	K	E	O	P	R	A	A	F	W
I	E	N	E	Y	T	E	B	S	E	N	J	H	E	Q
C	R	T	J	Q	J	E	L	D	I	H	N	D	C	C
U	R	B	Y	V	R	M	A	R	R	E	I	T	H	A
A	Á	G	V	N	N	M	M	T	P	V	R	W	O	D
T	I	G	A	R	A	T	I	B	A	H	B	T	S	A
R	S	D	T	L	P	G	M	L	P	Z	C	D	A	S
O	O	N	R	E	E	D	I	F	I	C	A	D	R	O
R	M	T	R	A	B	A	J	A	R	O	N	P	G	J

- ○ Aceite
- ○ Artesonadas
- ○ Darío
- ○ Desierta
- ○ Encerráis
- ○ Gobernador
- ○ Habitar
- ○ Hageo
- ○ Josadac
- ○ Madera
- ○ Reedificad
- ○ Salatiel
- ○ Satisfechos
- ○ Soplo
- ○ Tierra
- ○ Trabajaron
- ○ Trigo
- ○ Veinticuatro

73

Levítico 8:1-13

Z	P	V	T	V	A	R	U	D	A	V	E	L	T	L
S	O	L	R	A	C	I	F	I	T	N	A	S	F	N
T	M	C	A	N	A	S	T	I	L	L	O	H	M	O
Ú	M	V	C	T	D	R	Y	B	C	X	E	J	L	M
N	R	Ó	V	R	I	V	Q	Z	S	F	H	U	L	B
I	K	I	X	Y	A	A	N	D	O	É	C	M	N	R
C	W	C	T	B	D	L	R	D	E	Á	S	T	K	K
A	N	O	U	Q	E	T	B	A	N	R	Ó	I	X	D
S	M	R	M	G	M	K	L	R	S	T	R	D	O	Y
B	N	M	I	L	A	Q	E	U	S	R	X	A	K	M
D	Ó	L	M	T	Q	B	R	U	M	W	W	Z	M	K
X	R	P	T	R	A	I	J	F	L	K	L	Y	J	Ó
G	A	H	H	T	M	A	C	M	U	N	C	I	Ó	N
N	A	C	O	N	G	R	E	G	A	C	I	Ó	N	Z
L	M	H	X	N	S	A	R	U	D	I	T	S	E	V

- ○ Aarón
- ○ Ajustó
- ○ Canastillo
- ○ Congregación
- ○ Derramó
- ○ Diadema
- ○ Efod
- ○ Levadura
- ○ Moisés
- ○ Roció
- ○ Santificarlos
- ○ Tabernáculo
- ○ Tiaras
- ○ Tumim
- ○ Túnicas
- ○ Unción
- ○ Urim
- ○ Vestiduras

Números 13:26-33

N	W	L	L	A	N	G	O	S	T	A	S	T	M	V
Ó	X	N	N	A	R	U	T	A	T	S	E	N	D	R
I	G	Q	N	M	S	O	D	Y	V	E	U	G	E	N
S	D	K	Z	N	E	E	T	K	M	V	K	Z	S	T
E	J	T	Y	S	S	M	T	O	M	L	V	V	A	T
S	R	Q	U	I	T	B	R	N	L	N	N	Q	D	L
O	M	B	E	L	L	A	C	J	A	R	B	W	A	F
P	E	R	N	R	D	R	E	N	J	G	B	Y	C	L
J	T	G	G	O	A	R	L	M	Á	W	I	Z	I	C
O	N	V	R	R	T	L	A	E	Z	R	C	G	F	A
F	J	E	E	X	C	W	M	R	C	A	A	T	I	N
T	S	B	V	M	T	A	A	M	N	H	G	P	T	A
F	I	F	M	I	P	C	L	A	C	D	E	T	R	N
R	C	A	D	E	S	W	W	E	X	Q	R	F	O	E
C	W	V	F	L	Q	L	C	C	B	Y	F	P	F	O

- Amalec
- Anac
- Cades
- Caleb
- Cananeo
- Desierto
- Estatura
- Fortificadas
- Gigantes
- Jebuseo
- Langostas
- Leche
- Miel
- Moradores
- Neguev
- Parán
- Posesión
- Ribera

Jonás 4:1-11

Z	C	A	L	A	B	A	C	E	R	A	D	B	S	T
K	R	A	T	S	E	L	A	M	J	I	M	E	Y	M
Z	K	M	L	A	R	W	M	X	S	T	T	O	M	D
P	Z	V	P	R	D	M	H	C	R	N	N	N	R	W
N	Z	L	D	C	P	A	E	G	E	L	H	A	R	R
J	O	N	Á	S	L	R	M	I	Z	Z	D	S	D	Q
R	C	S	R	Z	N	E	P	A	O	F	A	U	D	P
S	V	E	K	I	E	E	M	T	R	D	X	G	E	I
I	K	L	R	S	R	T	N	E	R	N	H	B	S	A
S	N	A	L	R	O	E	N	E	N	L	E	O	M	D
R	L	M	A	V	I	L	I	E	Z	T	M	M	A	O
A	G	I	T	V	L	U	A	N	I	B	E	Z	Y	S
T	K	N	N	T	Q	T	L	N	R	R	M	N	A	O
X	G	A	C	Z	N	K	F	A	O	B	O	Y	B	F
K	T	Z	I	N	E	T	R	A	J	O	N	E	A	T

- ○ Animales
- ○ Arrepientes
- ○ Calabacera
- ○ Clemente
- ○ Desmayaba
- ○ Discernir
- ○ Enojarte
- ○ Enramada
- ○ Gusano
- ○ Izquierda
- ○ Jonás
- ○ Malestar
- ○ Oriente
- ○ Piadoso
- ○ Solano
- ○ Sombra
- ○ Viento
- ○ Tarsis

Proverbios 3:1-18

R	D	D	M	A	N	D	A	M	I	E	N	T	O	S
H	B	N	Á	R	A	S	O	B	E	R	K	T	D	T
J	V	C	O	M	P	A	R	A	R	G	R	E	V	A
S	A	L	E	B	Í	R	C	S	E	Q	L	R	H	I
A	C	O	I	R	E	G	I	R	F	E	R	P	S	C
I	Z	O	R	V	X	M	Z	D	I	X	R	E	P	N
C	R	R	R	K	P	K	E	T	M	U	N	A	V	E
N	I	A	W	R	C	T	O	D	D	E	R	L	C	G
A	Q	V	I	R	E	S	M	E	I	U	R	O	V	I
D	U	E	C	C	O	C	N	B	G	C	B	P	Z	L
N	E	R	U	S	N	C	C	R	X	T	I	I	W	E
U	Z	E	E	F	I	A	A	I	T	G	T	N	G	T
B	A	D	L	A	L	L	N	B	Ó	T	N	I	A	N
A	S	A	L	V	T	W	V	A	Z	N	L	Ó	K	I
B	M	S	O	D	J	R	T	T	G	M	K	N	K	T

- ○ Abundancia
- ○ Bienes
- ○ Comparar
- ○ Corrección
- ○ Cuello
- ○ Deleitosos
- ○ Escríbelas
- ○ Ganancia
- ○ Inteligencia
- ○ Largura
- ○ Mandamientos
- ○ Medicina
- ○ Opinión
- ○ Prudencia
- ○ Rebosarán
- ○ Refrigerio
- ○ Riquezas
- ○ Veredas

Job 1:13-22

H	X	B	E	N	D	I	T	O	C	B	X	T	Z	G
E	C	J	Q	L	C	R	D	A	S	W	N	B	X	B
S	K	Y	N	P	A	N	M	E	Z	T	C	P	R	F
C	M	R	K	S	E	E	N	S	T	Ó	Z	O	N	G
U	V	N	U	I	L	E	L	A	M	I	Z	T	N	V
A	M	R	B	L	V	H	B	N	T	C	N	I	T	J
D	Ó	E	O	Ó	R	M	D	I	J	E	M	N	N	N
R	B	S	J	L	L	X	H	U	T	T	C	É	P	O
O	P	A	Y	W	M	B	W	Q	H	N	A	G	A	R
N	V	T	D	Y	K	D	U	S	C	O	L	O	C	A
E	F	E	M	A	M	N	T	E	P	C	D	M	I	M
S	P	M	J	M	P	L	Y	F	Y	A	E	I	E	O
S	O	E	B	A	S	S	D	G	J	E	O	R	N	T
M	A	N	T	O	S	M	E	Q	Q	T	S	P	D	M
T	B	L	B	T	O	D	N	E	I	M	O	C	O	P

- ○ Aconteció
- ○ Bebiendo
- ○ Bendito
- ○ Bueyes
- ○ Caldeos
- ○ Camellos
- ○ Comiendo
- ○ Escuadrones
- ○ Espada
- ○ Esquinas
- ○ Jóvenes
- ○ Manto
- ○ Ovejas
- ○ Paciendo
- ○ Primogénito
- ○ Rasuró
- ○ Sabeos
- ○ Tomaron

Sofonías 2:4-11

R	V	N	N	M	C	A	U	T	I	V	E	R	I	O
A	M	N	R	Q	L	G	L	K	W	M	Á	K	D	C
V	R	O	C	M	M	O	A	B	M	R	P	V	E	L
I	H	R	N	E	M	S	G	L	A	T	R	W	S	K
S	K	E	O	F	R	N	O	D	T	E	A	F	H	N
I	M	I	R	M	G	E	E	D	M	G	D	T	O	Ó
T	V	C	V	W	O	R	T	A	O	Q	E	P	N	L
A	C	E	Y	X	E	G	N	E	Z	M	R	N	R	A
R	O	D	J	H	Z	E	C	D	O	T	A	W	A	C
Á	R	N	T	Z	N	R	O	P	M	S	S	R	R	S
M	R	A	H	T	Ó	D	V	R	M	K	Y	W	O	A
P	A	R	E	N	S	Z	T	V	Q	L	T	N	N	N
Z	L	G	W	A	S	O	E	T	S	I	L	I	F	F
L	E	N	N	D	L	S	A	G	I	T	R	O	K	P
Z	S	E	B	L	O	I	R	O	T	I	R	R	E	T

- ○ Ascalón
- ○ Asdod
- ○ Cautiverio
- ○ Cereteos
- ○ Corrales
- ○ Deshonraron
- ○ Ecrón
- ○ Engrandecieron
- ○ Filisteos
- ○ Gomorra
- ○ Heredará
- ○ Moab
- ○ Ortigas
- ○ Praderas
- ○ Remanente
- ○ Sodoma
- ○ Territorio
- ○ Visitará

Números 22:21-38

Y	G	X	T	M	N	N	R	N	M	B	T	R	Y	Z
R	L	D	E	R	A	P	K	R	A	A	S	N	A	G
B	E	N	O	J	Ó	G	L	L	N	Z	D	L	A	K
C	D	R	N	Q	R	Q	A	Ó	D	P	L	D	R	S
P	C	Q	H	E	G	C	N	C	P	D	U	L	M	O
T	O	I	N	T	S	R	Z	P	M	N	L	E	D	D
X	C	N	A	K	A	P	B	O	S	F	J	G	J	A
Z	N	C	I	Z	K	C	A	E	L	A	R	N	R	I
Y	N	L	Q	M	O	B	D	D	K	L	Ñ	Á	R	R
B	N	I	T	C	A	T	W	B	A	G	V	I	J	C
A	V	N	W	K	F	C	A	F	T	M	X	W	V	N
L	Y	Ó	T	W	G	K	R	R	Z	K	H	P	Q	B
A	G	J	G	B	O	D	A	G	L	A	B	A	C	R
A	R	E	V	E	R	E	N	C	I	A	K	T	W	T
M	T	G	P	R	Í	N	C	I	P	E	S	T	F	Y

- ○ Ángel
- ○ Arnón
- ○ Asna
- ○ Azotarla
- ○ Balaam
- ○ Balac
- ○ Cabalgado
- ○ Camino
- ○ Criados
- ○ Desnuda
- ○ Enojó
- ○ Espada
- ○ Inclinó
- ○ Moab
- ○ Pared
- ○ Príncipes
- ○ Príncipes
- ○ Viñas

80

Ester 5:1-14

R	S	E	R	E	Z	P	K	M	O	O	R	K	G	V
M	E	V	M	R	E	T	S	E	T	C	Z	N	É	G
N	J	I	N	N	V	F	U	N	B	C	N	M	R	C
L	L	G	N	P	H	Q	E	K	O	D	C	C	A	C
L	D	M	G	A	O	S	D	N	A	G	O	G	R	R
P	M	V	B	D	O	Z	V	Q	C	T	N	Y	A	E
A	W	N	R	P	Z	I	N	N	R	X	C	N	P	F
L	K	A	A	C	D	B	Ó	T	O	T	E	Y	E	R
A	M	L	N	A	E	I	R	O	H	L	D	T	R	E
C	X	R	D	M	C	T	R	Q	D	P	E	T	P	N
I	B	O	P	I	N	V	R	R	B	A	R	J	R	Ó
O	Q	L	T	C	Á	H	L	O	T	O	R	G	A	R
P	K	E	K	Q	M	L	B	M	N	P	C	N	Z	P
R	P	B	W	L	A	R	Y	O	W	K	K	L	O	Q
N	K	D	B	A	N	Q	U	E	T	E	X	M	H	H

- ○ Amán
- ○ Aposento
- ○ Banquete
- ○ Cetro
- ○ Conceder
- ○ Convidado
- ○ Ester
- ○ Honrado
- ○ Horca
- ○ Mardoqueo
- ○ Otorgar
- ○ Palacio
- ○ Petición
- ○ Prepararé
- ○ Refrenó
- ○ Reina
- ○ Trono
- ○ Zeres

81

Jonás 1:1-15

N	K	N	E	T	N	E	C	O	N	I	X	T	E	R
B	Z	T	R	V	N	I	J	Y	F	K	L	W	P	F
S	S	E	S	O	M	A	C	Z	E	R	E	P	O	Q
H	O	Á	M	D	A	T	S	E	P	M	E	T	J	Z
C	M	B	N	B	K	I	Z	K	D	D	J	B	M	C
M	O	D	R	O	R	M	C	L	A	M	A	R	O	N
D	R	M	D	E	J	A	P	K	T	Y	N	Q	S	V
J	D	X	P	L	M	K	V	A	T	H	X	O	K	Ó
P	O	T	J	A	M	A	R	E	E	K	R	L	T	C
M	R	P	W	L	S	S	N	B	C	E	L	E	B	M
T	M	A	L	B	I	I	R	E	N	I	I	Y	R	G
L	I	S	J	S	M	E	Ó	I	R	U	E	C	R	F
H	L	A	Y	J	O	N	R	N	Q	A	L	N	M	K
F	Ó	J	N	O	R	A	J	A	B	A	R	T	D	V
R	N	E	R	L	M	L	C	N	Í	N	I	V	E	O

- ○ Amitai
- ○ Aquietó
- ○ Clamaron
- ○ Compasión
- ○ Dormilón
- ○ Embraveciendo
- ○ Hebreo
- ○ Inocente
- ○ Jonás
- ○ Jope
- ○ Marineros
- ○ Nínive
- ○ Pasaje
- ○ Perezcamos
- ○ Sobremanera
- ○ Tarsis
- ○ Tempestad
- ○ Trabajaron

• 1 Samuel 16:7-13

Y Jehová respondió a Samuel: No mires a su parecer, ni a lo grande de su estatura, porque yo lo desecho; porque Jehová no mira lo que mira el hombre; pues el hombre mira lo que está delante de sus ojos, pero Jehová mira el corazón. Entonces llamó Isaí a Abinadab, y lo hizo pasar delante de Samuel, el cual dijo: Tampoco a este ha escogido Jehová. Hizo luego pasar Isaí a Sama. Y él dijo: Tampoco a este ha elegido Jehová. E hizo pasar Isaí siete hijos suyos delante de Samuel; pero Samuel dijo a Isaí: Jehová no ha elegido a estos. Entonces dijo Samuel a Isaí: ¿Son estos todos tus hijos? Y él respondió: Queda aún el menor, que apacienta las ovejas. Y dijo Samuel a Isaí: Envía por él, porque no nos sentaremos a la mesa hasta que él venga aquí. Envió, pues, por él, y le hizo entrar; y era rubio, hermoso de ojos, y de buen parecer. Entonces Jehová dijo: Levántate y úngelo, porque este es. Y Samuel tomó el cuerno del aceite, y lo ungió en medio de sus hermanos; y desde aquel día en adelante el Espíritu de Jehová vino sobre David. Se levantó luego Samuel, y se volvió a Ramá.

Cantares 2:8-13

T	K	B	R	I	N	C	A	N	D	O	L	N	K	B
C	T	C	Q	M	I	N	V	I	E	R	N	O	V	G
N	Y	S	A	O	B	K	T	S	F	F	L	C	Y	M
A	X	E	H	N	L	S	M	T	E	O	E	J	M	R
S	M	D	K	T	C	B	A	T	R	R	C	M	L	J
O	M	I	K	E	R	I	W	N	V	W	O	Z	K	C
M	C	V	J	S	R	J	Ó	A	A	Z	L	L	O	D
R	E	M	N	B	R	G	T	N	O	T	G	D	F	M
E	L	J	D	L	Z	I	W	V	A	X	N	N	N	H
H	O	P	K	R	L	J	G	R	B	A	Y	E	M	C
C	S	O	L	L	N	U	E	W	B	M	R	J	V	Y
R	Í	D	O	N	L	U	V	S	N	Q	M	W	K	Q
Y	A	A	G	C	G	Y	I	I	E	N	R	E	I	C
R	S	M	D	I	T	T	P	T	A	D	X	D	K	C
R	T	A	H	F	A	A	L	O	T	R	Ó	T	J	Y

- Amado
- Atisbando
- Brincando
- Canción
- Celosías
- Cervatillo
- Cierne
- Flores
- Hermosa
- Higuera
- Invierno
- Lluvia
- Montes
- Olor
- Tórtola
- Ventanas
- Vides
- Voz

83

1 Reyes 3:1-15

L	P	B	A	I	C	N	E	G	I	L	E	T	N	I
X	A	C	O	E	B	N	J	N	H	R	E	M	Z	H
G	R	K	T	T	M	R	F	X	B	T	B	G	M	G
J	E	S	C	E	L	T	M	K	S	B	F	P	A	L
V	N	A	A	U	R	K	R	I	E	W	J	B	D	J
R	T	L	P	Q	M	M	D	A	D	G	A	G	R	B
E	E	O	R	N	Z	E	R	I	G	Ó	I	F	K	Z
S	S	M	Z	A	P	B	V	I	N	Z	H	P	K	N
T	C	Ó	P	B	L	A	B	M	Q	K	U	Q	T	L
A	O	N	K	T	D	S	O	Ñ	E	U	S	J	R	O
T	X	T	R	K	D	T	C	P	Q	W	E	L	N	Y
U	F	O	T	R	A	N	R	E	B	O	G	Z	N	T
T	N	N	Z	A	B	A	C	I	F	I	R	C	A	S
O	P	L	T	G	D	I	S	C	E	R	N	I	R	S
S	V	J	Y	B	Q	R	E	C	T	I	T	U	D	G

- ○ Banquete
- ○ David
- ○ Discernir
- ○ Egipto
- ○ Estatutos
- ○ Gabaón
- ○ Gobernar
- ○ Inteligencia
- ○ Juzgar
- ○ Pacto
- ○ Parentesco
- ○ Pediste
- ○ Rectitud
- ○ Riquezas
- ○ Sacrificaba
- ○ Salomón
- ○ Sueños
- ○ Trono

Rut 4:1-12

K	D	C	O	N	F	I	R	M	A	C	I	Ó	N	K
N	T	Q	X	B	D	G	M	T	F	L	W	J	Q	D
M	M	Q	N	P	A	R	I	E	N	T	E	Z	U	E
W	D	R	N	Y	H	O	G	E	V	Y	O	Í	E	S
N	Z	E	R	P	T	R	L	K	R	O	M	W	L	C
T	Ó	Q	C	A	O	I	V	Z	B	E	S	P	I	E
A	V	L	P	L	M	S	T	P	O	X	O	S	Ó	N
T	R	A	H	E	Á	A	E	N	D	R	N	O	N	D
I	Z	M	L	A	P	R	T	S	A	W	A	G	J	E
B	W	E	Z	G	M	L	A	Q	I	B	I	I	L	N
A	C	Q	L	G	L	T	U	M	X	Ó	C	T	R	C
O	P	M	K	C	Q	E	L	N	E	K	N	S	R	I
M	M	R	L	Z	L	M	K	L	R	L	A	E	M	A
D	D	A	D	E	R	E	H	B	K	Q	O	T	Z	K
N	N	Ó	I	C	N	E	D	E	R	X	N	K	C	M

- ○ Ancianos
- ○ Booz
- ○ Confirmación
- ○ Decláramelo
- ○ Descendencia
- ○ Elimelec
- ○ Heredad
- ○ Mahlón
- ○ Moabita
- ○ Noemí
- ○ Pariente
- ○ Posesión
- ○ Quelión
- ○ Raquel
- ○ Redención
- ○ Tamar
- ○ Testigos
- ○ Zapato

85

Habacuc 3:1-10

D	A	D	N	A	T	R	O	M	F	M	R	Z	A	P
M	I	S	E	R	I	C	O	R	D	I	A	Z	X	M
B	P	X	M	V	B	R	I	L	L	A	N	T	E	S
N	L	A	Q	N	I	T	J	L	D	A	K	R	N	V
Z	C	S	R	C	G	C	W	H	B	N	O	C	Ó	T
P	U	D	O	Á	A	W	T	A	C	D	L	A	I	H
R	C	M	W	N	N	B	L	O	N	N	N	R	C	G
O	A	Z	N	N	R	A	A	A	R	Á	Z	B	A	K
F	B	H	C	L	O	E	L	L	I	I	J	O	D	L
E	A	N	X	C	M	P	T	D	L	K	A	N	N	V
T	H	F	U	T	S	F	A	E	G	O	H	E	U	K
A	R	S	E	E	I	M	Y	R	T	P	S	S	N	F
R	Á	M	R	F	B	V	M	K	H	Z	N	K	I	X
N	Á	R	K	L	A	F	R	C	Z	L	R	K	P	N
N	R	J	S	O	D	A	Z	U	N	E	M	S	E	D

- ○ Abismo
- ○ Alabanza
- ○ Brillantes
- ○ Caballos
- ○ Carbones
- ○ Cusán
- ○ Desmenuzados
- ○ Eternos
- ○ Habacuc
- ○ Inundación
- ○ Madián
- ○ Misericordla
- ○ Mortandad
- ○ Parán
- ○ Profeta
- ○ Resplandor
- ○ Temán
- ○ Victoria

86

2 Crónicas 30:1-14

K	J	Q	S	E	T	O	D	R	E	C	A	S	B	Z
E	N	M	E	L	O	S	G	W	W	A	N	Q	M	L
B	E	E	R	S	E	B	A	T	I	D	M	N	K	L
L	N	O	R	A	N	I	M	R	E	T	E	D	Y	A
S	R	R	L	R	L	Z	I	N	X	S	T	R	R	L
E	L	M	A	N	A	S	É	S	A	W	D	U	Z	P
R	J	P	J	H	A	F	H	N	P	E	D	Z	C	A
A	S	G	C	B	H	T	T	M	S	A	K	A	E	S
T	A	R	P	D	U	U	R	O	V	P	H	B	L	C
L	Í	N	W	A	A	R	L	E	R	M	X	U	E	U
A	U	Z	Í	R	N	A	L	E	J	M	B	L	B	A
J	Q	J	I	A	C	E	G	A	T	Q	R	Ó	R	K
H	E	O	N	I	R	Ó	S	C	B	N	N	N	A	B
G	Z	N	Ó	T	N	F	Y	R	H	A	M	T	D	H
X	E	N	Z	P	M	G	E	W	M	X	N	L	O	V

- ○ Altares
- ○ Asiria
- ○ Beerseba
- ○ Burlaban
- ○ Celebrado
- ○ Desolación
- ○ Determinaron
- ○ Efraín
- ○ Ezequías
- ○ Levadura
- ○ Manasés
- ○ Panes
- ○ Pascua
- ○ Pregón
- ○ Sacerdotes
- ○ Santuario
- ○ Solemne
- ○ Zabulón

Jonás 2:1-10

Á	C	P	C	W	O	D	P	Z	V	N	R	I	F	M
K	V	C	W	O	Z	R	F	M	T	M	L	W	S	C
C	Z	O	T	T	R	A	A	T	Y	U	F	E	T	F
R	M	V	H	E	Z	R	H	C	S	B	R	D	M	P
N	T	K	R	E	M	L	I	O	I	A	H	E	D	C
Ó	X	R	B	G	J	P	R	E	M	Ó	P	S	L	B
I	H	A	T	Z	V	I	L	K	N	F	N	F	A	K
C	C	Z	Q	B	A	Y	N	O	R	T	V	A	I	P
A	P	Z	C	S	H	J	N	K	V	R	E	L	T	L
V	E	Z	C	I	M	I	E	N	T	O	S	L	S	N
L	Z	N	P	R	O	M	E	T	Í	S	Q	E	U	M
A	P	R	O	F	U	N	D	O	X	Á	H	C	G	T
S	É	U	Q	O	V	N	I	M	C	N	N	Í	N	N
S	E	P	U	L	T	U	R	A	Q	O	Y	A	A	B
H	V	N	O	N	D	A	S	Y	K	J	B	N	G	L

- ○ Angustia
- ○ Cabeza
- ○ Cimientos
- ○ Corriente
- ○ Desfallecía
- ○ Ilusorias
- ○ Invoqué
- ○ Jehová
- ○ Jonás
- ○ Mares
- ○ Ondas
- ○ Oración
- ○ Pez
- ○ Profundo
- ○ Prometí
- ○ Salvación
- ○ Sepultura
- ○ Templo

Salmos 8:1-9

N	D	V	I	S	I	T	E	S	S	P	E	J	K	M
T	C	P	K	Q	M	X	F	E	M	S	K	C	Y	R
T	O	W	T	T	F	L	Ñ	A	T	M	B	L	P	H
S	R	M	T	N	O	O	Z	R	R	F	L	Q	R	X
E	O	O	G	L	R	V	E	O	B	R	A	S	O	M
L	N	R	S	E	F	L	E	L	N	L	E	S	V	P
E	A	M	A	O	L	R	R	J	M	N	A	I	I	E
G	S	R	C	A	I	D	J	M	A	I	P	S	T	C
N	T	N	S	I	K	R	Y	D	T	S	O	A	A	E
Á	E	Y	D	R	E	N	O	S	Z	Ñ	R	I	G	S
B	U	E	Y	E	S	L	E	L	I	X	T	R	N	H
C	K	R	Y	R	Z	B	O	N	G	Y	P	O	E	J
E	T	S	A	D	N	U	F	S	V	N	N	M	V	V
T	M	J	L	P	Z	Z	J	X	J	N	Q	E	P	M
K	S	O	R	E	D	N	E	S	B	Z	T	M	J	N

- ○ Ángeles
- ○ Bestias
- ○ Bueyes
- ○ Cielos
- ○ Coronaste
- ○ Estrellas
- ○ Fundaste
- ○ Glorioso
- ○ Memoria
- ○ Niños
- ○ Obras
- ○ Ovejas
- ○ Peces
- ○ Senderos
- ○ Señorear
- ○ Tierra
- ○ Vengativo
- ○ Visites

Éxodo 33:12-23

M	M	U	E	S	T	R	E	S	H	Y	C	L	J	M
F	L	A	R	U	D	I	D	N	E	H	R	O	Q	W
A	N	J	É	K	T	D	M	G	A	H	H	J	K	J
I	V	E	R	W	T	B	E	R	M	M	K	O	N	S
D	S	S	A	N	N	Á	R	S	D	M	G	S	É	N
R	O	P	M	X	O	E	V	P	C	E	M	S	L	T
O	D	A	A	O	I	M	E	O	T	A	I	T	Y	Y
C	A	L	L	T	L	Ñ	B	N	H	O	N	X	R	Q
I	T	D	C	T	A	B	E	R	M	E	G	S	V	P
R	R	A	O	F	N	M	E	J	E	R	J	F	O	J
E	A	S	R	Z	E	J	T	U	A	M	R	G	V	B
S	P	D	P	L	X	L	P	C	P	C	F	Y	M	X
I	A	N	C	J	P	A	I	C	N	E	S	E	R	P
M	K	T	B	R	C	A	D	T	T	D	K	N	R	C
T	R	D	E	C	L	A	R	A	D	O	M	M	P	X

- ○ Apartados
- ○ Clemente
- ○ Declarado
- ○ Descanso
- ○ Espaldas
- ○ Gracia
- ○ Hendidura
- ○ Jehová
- ○ Misericordia
- ○ Moisés
- ○ Muestres
- ○ Nombre
- ○ Ojos
- ○ Peña
- ○ Presencia
- ○ Proclamaré
- ○ Pueblo
- ○ Tierra

Génesis 7:1-12

M	H	N	E	T	E	I	S	I	C	E	I	D	M	Z
A	R	C	M	K	H	M	J	D	A	R	C	A	N	S
C	N	Q	L	K	N	F	P	L	S	D	F	O	C	E
H	H	E	M	B	R	A	Z	E	T	X	C	Q	O	I
O	R	J	Q	T	R	C	T	L	B	H	L	N	N	S
M	J	X	M	E	N	N	M	W	E	M	S	Ó	S	C
C	B	E	J	M	E	C	S	S	C	D	A	I	E	I
F	A	A	H	U	K	E	D	U	Z	K	U	C	R	E
O	S	T	F	O	L	N	A	C	M	E	G	A	V	N
R	I	L	A	A	V	R	C	W	D	I	A	R	A	T
R	W	V	M	R	E	Á	Q	X	X	C	V	E	R	O
K	Y	I	U	N	A	R	Q	M	N	E	Q	N	Q	S
H	N	T	T	L	R	T	C	J	B	P	L	E	K	F
A	N	A	Y	K	I	V	A	H	T	S	F	G	N	C
M	H	M	É	O	N	D	T	S	W	E	K	W	C	F

- ○ Aguas
- ○ Animales
- ○ Arca
- ○ Cataratas
- ○ Conservar
- ○ Cuarenta
- ○ Diecisiete
- ○ Diluvio
- ○ Especie
- ○ Fuentes
- ○ Generación
- ○ Hembra
- ○ Jehová
- ○ Macho
- ○ Noches
- ○ Noé
- ○ Parejas
- ○ Seiscientos

91

Zacarías 7:1-14

Q	T	F	G	T	O	R	B	E	L	L	I	N	O	O
Q	T	C	H	A	B	I	T	A	D	O	S	N	T	V
L	K	S	I	E	T	S	A	R	O	L	L	N	I	G
R	S	A	Í	R	A	C	A	Z	C	T	I	U	B	T
M	X	R	G	S	H	L	C	D	N	U	D	M	N	C
S	U	M	B	I	M	W	N	W	Q	A	X	K	C	H
A	E	E	D	E	S	O	L	A	D	A	L	W	U	Y
T	S	S	L	T	D	R	K	M	V	O	Q	É	D	D
E	P	É	T	S	N	I	C	S	Í	E	R	R	R	L
F	A	P	T	A	I	L	A	R	A	F	U	T	J	V
O	R	T	K	N	R	U	A	M	A	R	M	G	D	Z
R	C	I	B	U	R	D	Q	N	A	L	E	F	E	M
P	Í	M	P	Y	W	H	O	Z	C	N	B	Z	K	N
T	Q	O	Y	A	K	B	P	J	N	Q	T	W	E	L
T	M	E	X	T	R	A	N	J	E	R	O	E	V	R

- ○ Ayunasteis
- ○ Darío
- ○ Desolada
- ○ Diamante
- ○ Esparcí
- ○ Extranjero
- ○ Habitados
- ○ Huérfano
- ○ Llorasteis
- ○ Neguev
- ○ Profetas
- ○ Quisleu
- ○ Quinto
- ○ Sarezer
- ○ Séptimo
- ○ Torbellino
- ○ Viuda
- ○ Zacarías

92

1 Reyes 18:1-15

B	W	T	Q	C	X	S	J	K	H	J	N	P	M	L
K	P	S	J	Z	A	X	A	M	J	B	U	R	T	B
Q	Z	A	T	R	J	B	A	L	F	K	M	R	B	R
G	H	Í	L	Q	Q	N	A	L	U	S	T	N	A	D
C	G	D	V	L	T	V	C	L	M	M	A	J	P	R
I	J	B	G	U	B	U	M	E	L	J	K	Í	T	H
N	U	A	V	A	E	C	R	G	Z	O	M	S	L	T
C	V	E	C	V	Q	B	M	T	D	K	S	E	K	E
U	E	A	A	K	M	N	A	Q	M	M	D	T	G	O
E	N	S	T	A	H	I	R	N	R	B	R	N	Z	N
N	T	R	H	A	R	R	O	Y	O	S	C	E	K	I
T	U	B	T	A	F	Q	T	Y	G	R	Y	U	L	E
A	D	L	M	J	E	Z	A	B	E	L	J	F	N	R
N	L	A	N	Z	S	O	T	I	C	R	É	J	E	R
J	S	O	M	O	D	R	O	Y	A	M	R	Z	Y	W

- ○ Abdías
- ○ Acab
- ○ Arroyos
- ○ Caballos
- ○ Cincuenta
- ○ Cuevas
- ○ Ejércitos
- ○ Elías
- ○ Fuentes
- ○ Hambre
- ○ Jezabel
- ○ Jurar
- ○ Juventud
- ○ Mantuve
- ○ Mayordomo
- ○ Mulas
- ○ Reino
- ○ Samaria

93

Deuteronomio 6:1-19

L	N	N	K	Z	C	I	S	T	E	R	N	A	S	L
M	A	N	D	A	M	I	E	N	T	O	S	W	H	X
V	S	R	M	Q	X	O	R	M	J	Y	M	R	E	S
M	K	E	M	P	S	F	H	O	L	X	X	G	V	A
A	M	D	L	O	R	A	S	V	K	H	I	G	H	Z
H	H	A	L	A	K	O	R	W	H	P	F	Z	H	R
A	L	E	S	C	T	C	L	B	T	N	N	M	D	E
R	C	B	M	A	X	N	I	O	A	D	Y	I	E	U
B	C	L	M	Z	H	K	O	U	N	L	L	E	C	F
A	P	K	K	V	M	D	D	R	D	G	A	L	R	Z
S	O	T	U	T	A	T	S	E	F	A	A	P	E	R
X	S	G	D	N	R	R	H	M	N	F	D	D	T	C
R	T	K	N	V	H	C	T	B	T	B	M	E	O	T
M	E	Z	M	S	E	R	A	V	I	L	O	C	S	S
V	S	C	K	L	M	D	N	T	T	M	N	Y	N	L

- ○ Abraham
- ○ Celoso
- ○ Cisternas
- ○ Ciudades
- ○ Decretos
- ○ Egipto
- ○ Estatutos
- ○ Frontales
- ○ Fuerzas
- ○ Leche
- ○ Mandamientos
- ○ Masah
- ○ Miel
- ○ Ojos
- ○ Olivares
- ○ Palabras
- ○ Postes
- ○ Prolongados

1 Crónicas 13:1-14

R	Q	K	Y	Y	B	A	A	L	A	Y	F	C	K	C
T	L	R	Y	Q	U	E	B	R	A	N	T	A	D	O
B	Q	N	A	B	A	Z	E	P	O	R	T	L	D	Z
B	C	U	R	Q	L	J	V	C	C	R	O	H	I	S
T	K	L	I	Q	I	Z	F	Í	N	R	B	J	S	T
R	C	X	M	D	H	K	Q	M	R	O	A	S	E	Q
A	G	A	O	K	Ó	Z	R	B	D	T	D	A	L	N
I	V	S	P	G	N	N	R	A	N	R	A	L	I	J
G	F	N	L	I	P	D	C	L	F	Y	N	T	R	N
A	T	W	A	S	T	O	R	O	D	C	I	E	O	T
M	H	Q	A	B	V	A	C	S	S	M	B	R	B	A
O	T	P	R	N	A	M	N	A	N	Q	A	I	M	M
S	R	Q	I	N	M	I	Ú	E	K	L	D	O	A	A
A	G	Z	C	M	K	L	U	N	S	Z	Z	S	T	H
V	M	H	H	V	Y	T	P	G	R	O	E	T	E	G

- ○ Abinadab
- ○ Arpas
- ○ Baala
- ○ Capitanes
- ○ Címbalos
- ○ Ejidos
- ○ Geteo
- ○ Guiaban
- ○ Hamat
- ○ Invocado
- ○ Quebrantado
- ○ Quidón
- ○ Salterios
- ○ Saúl
- ○ Sihor
- ○ Tamboriles
- ○ Traigamos
- ○ Tropezaban

95

Cantares 4:8-15

L	T	S	L	A	E	L	P	L	G	N	Y	A	L	L
E	A	S	O	G	R	T	T	T	Y	B	P	Ñ	C	E
T	Z	Q	A	D	A	O	S	B	T	X	G	E	Y	O
N	A	M	L	I	I	R	M	I	B	T	Y	H	L	P
E	F	H	R	Q	C	T	G	Á	D	M	R	L	X	A
U	R	R	Q	M	T	E	S	A	T	N	T	A	P	R
F	Á	I	L	L	R	X	P	E	N	I	E	L	R	D
L	N	N	N	F	C	S	L	S	V	T	C	R	F	O
F	P	E	J	A	E	H	O	W	E	N	I	A	P	S
M	R	S	N	O	L	D	A	M	A	N	A	L	S	B
T	N	E	L	Í	A	R	R	I	M	N	N	K	L	L
K	L	Á	B	N	O	L	L	E	U	C	J	N	F	A
A	D	A	A	H	E	R	M	O	S	O	S	J	Y	N
D	N	R	R	Q	Q	V	W	X	Y	P	M	T	K	N
O	G	Y	K	B	Y	L	K	R	R	X	V	C	C	K

- ○ Alheña
- ○ Áloes
- ○ Amana
- ○ Aromáticas
- ○ Azafrán
- ○ Canela
- ○ Cuello
- ○ Especias
- ○ Fuente
- ○ Gargantilla
- ○ Granados
- ○ Hermosos
- ○ Leopardos
- ○ Líbano
- ○ Mirra
- ○ Prendiste
- ○ Senir
- ○ Vestidos

1 Samuel 9:1-16

E	B	B	B	S	T	D	N	M	D	C	N	H	A	T
W	T	E	Y	M	O	W	V	F	T	L	K	Í	C	E
Y	G	N	C	H	D	E	U	M	T	N	F	O	A	M
S	N	J	E	O	M	Z	T	R	K	A	N	T	V	P
D	A	A	Z	D	R	B	M	S	M	V	E	Z	P	R
K	N	M	J	J	I	A	V	N	I	F	J	J	R	E
L	R	Í	U	T	R	V	T	D	O	L	T	L	S	N
D	O	N	K	E	H	T	A	R	C	N	I	I	G	D
M	R	E	Y	Q	L	D	P	K	H	K	C	F	R	I
B	E	N	L	L	O	T	R	Q	T	L	Y	G	F	M
H	Z	G	E	S	W	P	K	T	O	G	W	M	D	O
H	H	I	I	K	G	N	Í	A	R	F	E	Z	L	S
Q	C	S	B	A	B	A	S	A	P	E	R	B	O	S
M	Z	N	A	R	V	S	A	A	L	I	M	M	B	N
Z	L	I	W	X	H	A	S	N	A	S	H	W	N	K

- ○ Abiel
- ○ Afía
- ○ Asnas
- ○ Becorat
- ○ Benjamín
- ○ Convidados
- ○ Efraín
- ○ Emprendimos
- ○ Filisteos
- ○ Insigne
- ○ Profeta
- ○ Saalim
- ○ Samuel
- ○ Siclo
- ○ Sobrepasaba
- ○ Vidente
- ○ Zeror
- ○ Zuf

Amós 9:8-15

M	K	H	Z	J	Q	T	K	C	R	I	B	A	O	R
Y	J	P	C	E	T	N	E	I	M	I	S	I	H	S
S	N	S	H	H	D	Q	B	K	L	C	R	U	E	W
E	O	D	A	C	O	V	N	I	W	E	E	N	T	H
G	R	P	B	V	D	Z	F	N	V	R	O	A	É	W
A	R	K	I	L	U	M	G	I	T	I	S	E	R	X
D	R	J	T	N	B	C	T	O	C	Z	O	D	A	W
O	M	Z	A	K	E	U	S	A	M	L	D	N	T	Z
R	Q	C	R	R	A	D	N	M	D	R	A	A	N	N
X	K	K	Á	C	U	J	O	R	Z	K	C	R	A	R
B	N	F	N	K	S	I	L	M	Z	H	N	A	V	S
P	O	P	P	E	X	Y	N	C	Y	M	A	Z	E	A
X	M	C	Ñ	D	P	I	S	A	D	O	R	M	L	Ñ
P	L	O	A	R	K	F	N	L	S	R	R	W	X	I
K	R	L	B	J	J	V	G	J	R	L	A	M	J	V

- ○ Arrancados
- ○ Cautiverio
- ○ Criba
- ○ Edom
- ○ Habitarán
- ○ Huertos
- ○ Invocado
- ○ Jacob
- ○ Levantaré
- ○ Naciones
- ○ Pisador
- ○ Ruinas
- ○ Segador
- ○ Señor
- ○ Simiente
- ○ Uvas
- ○ Viñas
- ○ Zarandea

Génesis 15:1-6

O	D	I	C	A	N	M	L	M	E	F	F	R	F	Y
T	D	Z	V	R	D	T	Y	L	C	N	L	M	T	N
P	E	E	M	F	J	A	I	O	Ó	T	A	W	K	L
L	S	W	L	Q	J	E	M	I	D	Y	H	N	N	A
P	C	S	Q	O	Z	E	S	A	O	U	Ó	R	Y	R
N	E	A	K	E	R	I	H	R	S	D	C	P	J	E
K	N	L	R	M	V	P	D	O	R	C	T	S	R	N
J	D	L	N	X	P	O	L	A	V	F	E	P	E	A
U	E	E	Z	R	M	E	L	Y	H	Á	F	N	V	M
S	N	R	Y	O	I	A	L	M	V	X	G	K	O	E
T	C	T	R	C	G	O	V	A	L	C	S	E	T	R
I	I	S	B	J	B	B	T	R	L	H	G	R	H	B
C	A	E	V	G	L	M	Z	B	W	G	J	T	Z	O
I	N	G	V	C	O	N	T	A	D	O	Y	X	T	S
A	L	R	M	H	E	R	E	D	E	R	O	P	R	N

- ○ Abram
- ○ Cielos
- ○ Contado
- ○ Damasceno
- ○ Descendencia
- ○ Eliezer
- ○ Esclavo
- ○ Escudo
- ○ Estrellas
- ○ Galardón
- ○ Heredero
- ○ Jehová
- ○ Justicia
- ○ Mayordomo
- ○ Nacido
- ○ Prole
- ○ Sobremanera
- ○ Visión

99

Ester 8:1-14

T	Z	G	N	C	P	R	O	V	I	N	C	I	A	S
Q	M	R	K	A	O	H	K	L	W	B	W	N	Q	N
M	S	X	D	P	E	F	X	A	S	U	S	G	J	K
A	E	H	Y	I	U	M	L	L	O	R	A	N	D	O
Z	T	T	T	T	G	F	A	B	A	S	U	E	R	O
R	N	A	V	A	A	T	D	R	S	N	C	V	L	H
M	E	P	D	N	G	T	Y	O	D	E	T	S	K	T
O	D	A	R	E	A	C	Í	J	T	O	Á	G	F	P
N	E	I	H	S	M	D	A	R	K	T	Q	O	M	R
T	C	D	D	R	U	A	O	B	R	D	L	U	N	A
A	O	N	Z	J	F	B	H	A	A	L	X	R	E	C
D	R	I	Y	L	L	C	P	R	I	L	L	Y	J	O
O	P	N	L	N	L	A	X	N	P	K	L	H	K	V
S	D	M	T	B	S	R	A	B	X	V	Q	O	P	E
T	V	L	K	O	M	I	C	É	D	O	U	D	S	R

- ○ Agagueo
- ○ Anillo
- ○ Asuero
- ○ Caballos
- ○ Capitanes
- ○ Cetro
- ○ Duodécimo
- ○ Hamedata
- ○ India
- ○ Judíos
- ○ Llorando
- ○ Mardoqueo
- ○ Montados
- ○ Procedentes
- ○ Provincias
- ○ Revocar
- ○ Sátrapas
- ○ Susa

Oseas 1:1-10

H	L	P	A	D	A	P	S	E	N	L	V	P	L	R
Z	D	M	N	R	D	Y	É	K	M	M	H	E	H	G
A	C	F	T	E	E	K	M	R	F	Y	A	R	E	Q
C	M	M	K	M	S	K	D	Y	A	R	Q	T	L	D
A	R	N	E	O	T	T	L	R	S	R	N	D	I	H
F	M	D	J	G	E	X	B	I	J	E	B	B	V	M
L	I	R	O	S	T	L	K	E	I	X	L	E	Q	C
R	R	T	T	D	A	H	J	V	E	A	Y	D	U	Z
Z	J	P	A	Z	D	Í	I	E	I	R	T	G	A	Q
M	G	K	M	M	O	V	U	M	Z	V	I	N	D	S
T	B	A	T	A	L	L	A	Q	K	R	E	X	N	A
J	P	W	S	A	E	S	O	J	E	R	E	Q	Q	Í
Y	M	D	C	V	Z	L	T	T	A	Z	M	E	Q	Z
K	Q	K	F	D	P	B	W	R	R	K	E	D	L	U
T	C	X	C	L	K	L	J	E	R	O	B	O	A	M

- ○ Acaz
- ○ Arena
- ○ Batalla
- ○ Beeri
- ○ Destetado
- ○ Diblaim
- ○ Espada
- ○ Ezequías
- ○ Gomer
- ○ Israel
- ○ Jeroboam
- ○ Jezreel
- ○ Jotam
- ○ Medir
- ○ Oseas
- ○ Quebraré
- ○ Uzías
- ○ Viviente

• Isaías 12:1-6

En aquel día dirás: Cantaré a ti, oh Jehová; pues aunque te enojaste contra mí, tu indignación se apartó, y me has consolado. He aquí Dios es salvación mía; me aseguraré y no temeré; porque mi fortaleza y mi canción es JAH Jehová, quien ha sido salvación para mí. Sacaréis con gozo aguas de las fuentes de la salvación. Y diréis en aquel día: Cantad a Jehová, aclamad su nombre, haced célebres en los pueblos sus obras, recordad que su nombre es engrandecido. Cantad salmos a Jehová, porque ha hecho cosas magníficas; sea sabido esto por toda la tierra. Regocíjate y canta, oh moradora de Sion; porque grande es en medio de ti el Santo de Israel.

101

Miqueas 4:1-10

L	P	Z	K	B	A	B	I	L	O	N	I	A	Q	W
T	O	J	H	C	C	H	Á	R	I	M	I	D	E	R
E	D	Y	Z	L	A	P	M	C	M	H	X	D	L	W
T	E	E	V	M	G	B	D	R	Á	X	N	D	S	P
N	R	T	X	C	C	V	E	R	C	M	Y	E	G	B
E	O	N	G	J	L	M	A	C	H	M	N	S	L	O
N	S	E	M	Z	O	G	O	E	E	O	K	C	L	C
A	A	R	R	A	Z	N	J	N	D	R	Q	A	E	A
M	S	D	W	U	R	É	I	A	T	K	A	R	K	J
E	P	E	J	E	R	E	Z	E	C	E	R	R	X	C
R	R	M	B	C	N	A	U	W	R	O	K	I	N	G
N	L	A	I	Y	M	K	L	G	T	J	L	A	C	M
R	Ñ	T	L	A	N	Z	A	S	I	P	W	D	G	F
O	O	N	K	T	Q	T	K	N	V	H	K	A	V	T
S	R	M	M	X	M	A	Z	E	L	A	T	R	O	F

- ○ Amedrente
- ○ Azadones
- ○ Babilonia
- ○ Cabecera
- ○ Descarriada
- ○ Ejércitos
- ○ Fortaleza
- ○ Higuera
- ○ Jacob
- ○ Juzgará
- ○ Lanzas
- ○ Monte
- ○ Poderosas
- ○ Rebaño
- ○ Redimirá
- ○ Reino
- ○ Remanente
- ○ Torre

102

Amós 1:3-12

M	Ó	I	U	G	I	S	R	E	P	Y	V	K	M	S
C	G	Y	L	M	P	C	C	N	H	B	L	D	M	E
M	E	O	D	A	T	R	O	P	S	N	A	R	T	R
O	Y	R	Y	B	Ó	T	N	M	K	N	N	B	Y	O
R	Y	L	R	N	V	É	W	D	M	O	D	E	X	D
A	T	M	K	O	V	K	H	O	J	V	X	K	H	A
D	D	P	N	A	J	Q	J	D	B	O	S	R	A	N
O	A	J	T	M	S	O	N	S	B	P	B	C	W	R
R	M	T	V	D	D	O	S	A	A	R	T	H	K	E
E	A	B	K	D	A	V	L	L	K	B	K	L	T	B
S	S	N	G	N	F	A	A	L	C	G	E	I	H	O
G	C	J	Á	R	M	C	L	N	I	A	Y	W	R	G
Y	O	Y	K	M	I	L	X	A	Z	R	B	R	V	L
H	F	T	D	O	E	N	M	A	G	N	T	H	P	M
W	B	M	S	B	H	T	H	E	R	M	A	N	O	S

- ○ Asdod
- ○ Avén
- ○ Bosra
- ○ Cerrojos
- ○ Damasco
- ○ Ecrón
- ○ Edom
- ○ Galaad
- ○ Gobernadores
- ○ Hazael
- ○ Hermanos
- ○ Kir
- ○ Moradores
- ○ Palacios
- ○ Persiguió
- ○ Temán
- ○ Transportado
- ○ Trillos

Lamentaciones 3:19-27

W	N	Ó	I	C	A	V	L	A	S	N	H	T	C	J
Q	N	P	N	O	R	E	Y	A	C	E	D	N	D	K
L	O	S	L	L	I	M	T	O	L	T	Ó	X	A	S
L	T	I	J	H	L	D	Q	D	G	I	H	Y	D	A
C	N	L	T	W	Q	R	V	P	C	U	Y	M	I	I
O	E	E	É	N	M	M	T	C	C	B	Y	L	L	D
N	I	N	P	R	G	A	I	L	Z	Y	Y	M	E	R
S	M	C	R	J	A	L	Ñ	T	D	P	T	C	D	O
U	I	I	L	C	F	R	K	A	O	T	O	M	I	C
M	T	O	C	A	L	Z	E	R	N	R	W	E	F	I
I	A	N	G	G	B	B	C	P	A	A	Q	M	M	R
D	B	X	L	R	G	I	U	Z	S	C	K	O	J	E
O	A	L	M	A	Ó	J	Ó	E	C	E	D	R	W	S
S	N	R	K	N	P	N	N	R	N	H	L	I	Z	I
J	U	V	E	N	T	U	D	Q	C	O	J	A	R	M

- ○ Abatimiento
- ○ Aflicción
- ○ Alma
- ○ Bueno
- ○ Consumidos
- ○ Corazón
- ○ Decayeron
- ○ Esperaré
- ○ Fidelidad
- ○ Hiel
- ○ Juventud
- ○ Mañana
- ○ Memoria
- ○ Misericordias
- ○ Porción
- ○ Salvación
- ○ Silencio
- ○ Yugo

104

Esdras 1:1-11

P	H	Z	T	U	T	E	N	S	I	L	I	O	S	P
R	G	J	R	F	O	B	M	P	E	H	D	N	N	R
E	S	E	O	T	R	A	N	V	N	D	W	F	S	O
G	A	R	S	C	I	B	I	L	Q	T	Z	O	T	R
O	I	U	O	G	C	T	L	S	A	V	T	D	Q	E
N	R	S	N	D	A	M	R	Z	R	N	T	L	V	R
A	A	A	O	S	M	N	O	E	E	E	H	V	A	O
R	T	L	D	G	F	N	A	I	I	H	P	T	Y	S
L	N	É	O	V	E	T	C	D	C	N	A	H	V	E
L	U	N	C	S	D	O	R	P	O	L	O	W	T	T
N	L	H	U	Q	R	L	L	W	P	S	P	S	R	F
N	O	D	B	T	T	E	D	I	F	I	Q	U	E	B
Z	V	R	A	S	E	T	A	D	Í	R	T	I	M	Y
W	N	U	N	W	T	R	A	S	A	B	S	E	S	K
P	C	L	M	P	R	E	C	I	O	S	A	S	Q	V

- ○ Ciro
- ○ Cuatrocientos
- ○ Edifique
- ○ Ganados
- ○ Jerusalén
- ○ Levitas
- ○ Mitrídates
- ○ Nabucodonosor
- ○ Persia
- ○ Plata
- ○ Preciosas
- ○ Pregonar
- ○ Reinos
- ○ Sesbasar
- ○ Tazones
- ○ Tesorero
- ○ Utensilios
- ○ Voluntarias

Nehemías 5:1-19

J	S	E	D	A	D	I	L	I	B	I	S	O	P	L
G	T	S	L	C	E	N	T	É	S	I	M	A	S	K
S	S	N	O	X	Q	N	C	N	B	C	N	E	G	C
A	A	O	H	M	Y	P	D	L	U	Z	J	K	O	O
L	C	Y	P	R	E	H	Y	A	A	R	T	D	F	N
R	U	O	A	R	M	R	R	L	E	M	E	R	I	G
A	D	T	I	M	O	E	E	J	F	R	O	M	C	R
T	A	U	C	M	N	B	A	V	B	L	L	R	I	E
A	O	B	N	T	C	T	I	M	L	T	Q	P	A	G
C	N	I	A	Q	R	Z	A	O	W	O	Z	M	L	A
S	A	R	D	A	W	H	P	H	V	T	V	B	E	C
E	R	T	N	M	I	N	T	E	R	É	S	E	S	I
R	G	T	U	V	C	K	B	T	R	M	D	V	D	Ó
Q	L	N	B	M	E	R	E	I	L	P	M	U	C	N
C	R	R	A	S	E	R	V	I	D	U	M	B	R	E

- ○ Abundancia
- ○ Artajerjes
- ○ Centésima
- ○ Clamor
- ○ Congregación
- ○ Cuarenta
- ○ Cumpliere
- ○ Devolveremos
- ○ Grano
- ○ Hambre
- ○ Interés
- ○ Oficiales
- ○ Oprobio
- ○ Posibilidades
- ○ Rescatarlas
- ○ Sacuda
- ○ Servidumbre
- ○ Tributo

Job 38:1-11

K	S	A	L	L	E	R	T	S	E	K	W	N	T	J
C	W	X	R	E	G	O	C	I	J	A	B	A	N	A
N	A	Í	R	U	D	I	B	A	S	N	D	B	O	I
M	E	D	I	D	A	S	N	N	F	E	C	A	R	C
O	S	C	U	R	E	C	E	U	R	H	N	B	G	N
D	G	G	L	L	L	R	W	R	B	Q	T	A	U	E
X	C	F	X	V	A	K	A	C	S	E	R	L	L	G
Y	R	F	A	L	C	M	R	Á	L	H	S	A	L	I
L	Q	R	U	B	A	E	R	G	R	N	B	G	O	L
G	Ó	G	X	B	A	A	R	B	A	S	E	S	C	E
N	N	C	A	L	G	D	F	R	B	M	K	R	O	T
A	B	H	T	E	H	W	N	X	O	K	K	K	R	N
R	Q	P	L	N	K	N	Z	U	C	J	M	C	D	I
Q	L	L	V	X	D	Y	G	X	F	G	O	D	E	H
T	O	R	B	E	L	L	I	N	O	M	N	W	L	K

- ○ Alababan
- ○ Angular
- ○ Bases
- ○ Cerrojo
- ○ Cordel
- ○ Derramaba
- ○ Estrellas
- ○ Fundaba
- ○ Inteligencia
- ○ Llegarás
- ○ Medidas
- ○ Nubes
- ○ Orgullo
- ○ Oscurece
- ○ Regocijaban
- ○ Sabiduría
- ○ Torbellino
- ○ Varón

107

Jeremías 1:4-16

S	Q	C	H	S	L	R	M	G	P	N	E	O	Z	M
L	E	B	A	Q	A	Y	G	R	L	L	R	R	Q	X
C	R	N	T	M	N	I	O	V	B	P	T	D	M	G
V	E	B	O	Y	P	F	L	D	B	K	N	N	F	C
J	V	H	R	I	E	A	E	I	G	H	E	E	M	O
P	R	J	L	T	C	R	M	M	M	N	I	M	P	N
L	E	Z	A	Y	R	A	O	E	M	A	V	L	T	V
A	I	R	K	I	B	R	N	S	N	D	F	A	L	O
N	H	Z	B	K	U	M	O	Y	A	T	K	H	R	C
T	O	A	L	S	P	N	J	D	Z	H	O	V	X	O
A	R	R	E	T	I	C	L	H	K	T	H	H	K	Z
R	P	R	T	E	S	A	N	T	I	F	I	Q	U	É
R	P	H	R	E	M	T	R	A	C	I	F	I	D	E
A	R	R	U	I	N	A	R	N	J	W	J	L	K	V
R	X	R	N	I	N	C	E	N	S	A	R	O	N	T

- ○ Almendro
- ○ Apresuro
- ○ Arruinar
- ○ Campamento
- ○ Convoco
- ○ Derribar
- ○ Edificar
- ○ Familias
- ○ Hierve
- ○ Incensaron
- ○ Maldad
- ○ Naciones
- ○ Norte
- ○ Plantar
- ○ Profeta
- ○ Reinos
- ○ Santifiqué
- ○ Vientre

108

Eclesiastés 3:1-8

J	W	G	D	R	I	U	R	T	S	E	D	M	F	V
K	V	C	U	T	W	B	A	I	L	A	R	R	R	K
W	M	Q	K	E	O	D	R	L	N	T	I	K	Y	D
M	B	T	Y	P	R	A	T	R	N	C	R	R	G	Y
M	T	U	M	Q	C	R	C	F	R	C	E	G	Q	L
J	R	E	S	N	Z	Z	A	A	U	R	P	C	H	R
F	I	A	A	C	N	D	P	R	H	A	M	A	Y	Q
T	Q	R	C	D	A	S	A	N	T	H	O	L	R	M
T	R	K	L	I	E	R	A	N	H	C	R	L	A	W
A	T	R	R	T	F	C	T	R	L	E	L	A	Z	W
T	B	L	K	Í	E	I	G	J	L	D	M	R	A	Y
J	C	V	R	R	E	Z	D	N	O	N	X	Q	R	N
G	U	A	R	D	A	R	N	E	R	E	D	K	B	R
L	M	N	F	M	Q	N	R	M	A	F	R	B	A	Y
N	Q	R	A	T	N	A	L	P	R	P	M	V	P	M

- ○ Abrazar
- ○ Arrancar
- ○ Bailar
- ○ Buscar
- ○ Callar
- ○ Curar
- ○ Destruir
- ○ Edificar
- ○ Endechar
- ○ Esparcir
- ○ Guardar
- ○ Guerra
- ○ Llorar
- ○ Nacer
- ○ Plantar
- ○ Reír
- ○ Romper
- ○ Tiempo

109

2 Samuel 5:17-25

K	K	R	R	B	C	I	M	P	E	T	U	O	S	A
H	T	B	R	B	W	O	L	M	K	K	C	F	Q	C
C	F	M	S	E	R	L	R	W	P	B	X	U	T	Y
Ó	I	D	A	Y	Z	G	V	R	P	L	E	R	O	K
I	L	S	R	H	N	E	D	L	I	M	Q	T	D	S
D	I	O	E	Q	R	M	G	N	A	E	N	R	O	L
N	S	L	M	D	V	G	A	R	E	E	N	L	A	T
O	T	A	A	H	R	T	O	N	M	Z	O	T	Z	Y
P	E	É	S	V	K	N	E	A	D	D	K	T	E	Z
S	O	D	L	R	R	M	P	T	Í	A	V	Q	L	M
E	S	O	A	M	I	M	Q	Z	M	K	D	R	A	D
R	N	R	B	G	A	O	D	I	G	N	U	O	T	A
X	J	R	O	C	O	N	S	U	L	T	Ó	R	R	V
Y	N	S	M	I	A	F	E	R	G	T	H	Z	O	I
N	O	R	E	I	D	N	E	T	X	E	L	T	F	D

- ○ Balsameras
- ○ Campamento
- ○ Consultó
- ○ Corriente
- ○ David
- ○ Enemigos
- ○ Extendieron
- ○ Filisteos
- ○ Fortaleza
- ○ Gezer
- ○ Ídolos
- ○ Impetuosa
- ○ Mandado
- ○ Quemaron
- ○ Refaim
- ○ Respondió
- ○ Rodéalos
- ○ Ungido

110

Nahúm 3:12-19

S	L	N	M	Q	H	I	G	U	E	R	A	S	L	C
A	T	C	J	M	E	R	C	A	D	E	R	E	S	O
L	S	P	R	O	V	É	E	T	E	N	V	N	M	N
L	E	Q	N	O	R	E	I	M	R	U	D	Z	E	T
E	R	S	O	D	A	L	L	A	V	N	N	C	D	I
R	O	Q	X	T	L	L	I	F	V	R	S	O	I	N
T	T	Z	U	R	V	R	A	D	L	A	Z	I	C	U
S	S	C	R	E	I	S	E	N	Z	F	G	D	I	A
E	A	M	E	S	B	V	O	E	G	P	L	E	N	M
W	P	Y	A	R	O	R	L	G	K	O	H	S	A	E
L	V	R	Y	R	R	A	A	L	I	B	S	A	R	N
L	L	Z	A	Y	T	O	J	D	R	M	Q	T	L	T
R	T	R	R	R	B	N	J	R	U	F	E	R	Ó	E
C	Á	M	O	M	R	G	B	O	H	R	D	N	B	N
J	X	F	B	A	R	R	O	F	S	B	A	C	E	B

- ○ Asedio
- ○ Asiria
- ○ Barro
- ○ Cerrojos
- ○ Continuamente
- ○ Devorará
- ○ Durmieron
- ○ Enemigos
- ○ Estrellas
- ○ Fortalezas
- ○ Higueras
- ○ Langostón
- ○ Medicina
- ○ Mercaderes
- ○ Pastores
- ○ Provéete
- ○ Quebradura
- ○ Vallados

Habacuc 1:1-11

F	O	R	M	I	D	A	B	L	E	K	T	F	J	M
F	O	Q	L	N	O	C	T	U	R	N	O	S	U	T
L	D	A	S	O	R	U	S	E	R	P	E	L	D	R
Z	N	C	A	L	D	E	O	S	L	T	T	M	E	L
X	E	G	L	D	P	P	K	T	E	I	Y	R	S	T
S	Y	N	R	T	E	K	N	N	P	R	L	E	T	Y
O	U	Á	T	C	R	B	I	L	S	L	V	C	R	M
D	B	C	R	B	U	J	I	O	Z	D	R	O	U	R
R	I	A	B	N	M	C	L	L	I	R	M	G	C	E
A	R	R	M	R	A	L	A	G	I	X	V	E	C	E
P	T	U	W	R	A	P	N	B	V	T	Z	R	I	S
O	A	H	Á	B	B	I	G	K	A	T	A	Á	Ó	O
E	T	N	A	H	D	Q	V	Q	R	H	B	D	N	P
L	T	C	P	A	S	E	C	O	R	E	F	H	A	C
W	C	T	D	F	M	O	L	E	S	T	I	A	Q	K

- ○ Atribuyendo
- ○ Caballos
- ○ Caldeos
- ○ Debilitada
- ○ Destrucción
- ○ Dignidad
- ○ Feroces
- ○ Formidable
- ○ Habacuc
- ○ Huracán
- ○ Jinetes
- ○ Leopardos
- ○ Molestia
- ○ Multiplicarán
- ○ Nocturnos
- ○ Poseer
- ○ Presurosa
- ○ Recogerá

Levítico 2:1-16

B	L	N	M	C	X	Q	S	A	G	I	P	S	E	P
L	M	U	B	M	T	F	E	J	G	Q	D	L	T	N
P	E	N	S	A	N	T	Í	S	I	M	A	T	B	D
R	M	T	L	M	I	C	W	K	K	D	Q	B	E	C
E	O	A	A	E	K	I	N	C	I	E	N	S	O	S
S	R	D	C	N	V	H	K	Y	R	T	M	O	P	E
E	I	A	K	Z	I	A	D	N	Q	E	N	R	I	R
N	A	S	C	C	N	R	D	Q	N	R	V	J	E	D
T	L	N	O	N	A	K	A	U	O	L	N	T	Z	L
E	Z	W	C	P	N	Z	Z	H	R	T	Ó	F	A	A
S	J	M	I	Q	N	A	U	J	P	A	R	R	S	J
Y	L	L	D	L	D	Y	K	E	P	J	A	Z	P	O
K	C	K	A	O	K	H	N	C	L	J	A	N	R	H
Q	P	R	I	M	I	C	I	A	S	A	X	N	V	N
Y	D	M	A	M	A	S	A	D	A	S	N	H	P	X

- ○ Aarón
- ○ Aceite
- ○ Amasadas
- ○ Cazuela
- ○ Cocida
- ○ Desmenuzado
- ○ Espigas
- ○ Harina
- ○ Hojaldres
- ○ Horno
- ○ Incienso
- ○ Levadura
- ○ Memorial
- ○ Piezas
- ○ Presentes
- ○ Primicias
- ○ Santísima
- ○ Untadas

Proverbios 22:1-13

P	T	R	A	S	T	O	R	N	A	O	Ñ	A	D	Z
Q	P	A	I	C	N	E	L	O	S	N	I	A	P	C
M	L	K	M	T	F	S	L	B	W	H	S	M	R	I
C	E	L	N	I	O	Q	P	D	G	B	A	A	E	E
J	I	N	I	Z	T	R	R	D	Á	G	Z	F	V	N
T	T	T	A	M	E	S	A	R	R	H	E	Q	A	C
K	O	L	K	S	P	T	E	C	A	P	U	K	R	I
B	T	T	T	H	S	I	O	R	J	X	Q	K	I	A
H	E	A	N	I	R	N	E	T	E	V	I	N	C	N
L	D	N	M	M	T	F	H	Z	L	T	R	B	A	N
O	R	A	D	I	M	L	L	B	A	R	V	B	D	T
L	Q	L	E	I	A	V	I	S	A	D	O	D	O	M
Z	K	N	W	Y	T	N	N	G	K	T	T	M	R	K
N	D	R	N	T	N	O	R	D	C	N	Q	C	E	Q
A	E	S	C	A	R	N	E	C	E	D	O	R	S	Y

- ○ Alejará
- ○ Amistad
- ○ Avisado
- ○ Bendito
- ○ Ciencia
- ○ Contienda
- ○ Daño
- ○ Escarnecedor
- ○ Estima
- ○ Fama
- ○ Insolencia
- ○ Lazos
- ○ Limpieza
- ○ Pleito
- ○ Prestado
- ○ Prevaricadores
- ○ Riquezas
- ○ Trastorna

114

Sofonías 1:1-9

D	D	B	M	O	C	L	I	M	T	R	J	C	Q	B
X	H	G	E	D	A	L	Í	A	S	P	Z	O	V	L
É	W	A	G	S	R	R	L	L	S	W	S	N	T	H
T	R	P	B	K	T	C	Z	A	C	O	T	S	O	J
B	C	A	C	I	U	I	Í	W	D	F	K	U	R	Q
L	L	K	N	S	T	U	A	A	V	E	S	L	E	G
I	Y	R	I	I	Q	A	R	S	M	L	S	T	J	S
D	S	L	P	E	M	R	N	W	H	L	A	A	N	A
Ó	Q	E	Z	K	E	R	J	T	Y	H	Í	R	A	Í
L	D	E	C	T	C	O	E	F	E	Y	N	O	R	R
A	N	L	L	E	S	G	L	T	H	S	O	N	T	A
T	L	X	B	Í	P	N	R	T	X	F	F	N	X	M
R	P	B	A	J	Ó	W	K	C	C	E	O	G	E	A
A	K	S	F	M	K	G	X	F	N	T	S	X	K	Z
S	R	W	A	O	T	S	E	U	P	S	I	D	Z	J

- ○ Amarías
- ○ Amón
- ○ Aves
- ○ Bestias
- ○ Consultaron
- ○ Cusi
- ○ Dispuesto
- ○ Exterminaré
- ○ Extranjero
- ○ Ezequías
- ○ Gedalías
- ○ Habitantes
- ○ Idólatras
- ○ Josías
- ○ Milcom
- ○ Peces
- ○ Sofonías
- ○ Terrados

115

1 Samuel 25:4-19

R	P	R	E	S	Q	U	I	L	A	D	O	R	E	S
N	K	G	P	R	E	P	A	R	A	D	O	M	G	T
K	C	U	A	T	R	O	C	I	E	N	T	O	S	X
D	O	S	C	I	E	N	T	O	S	A	S	N	O	S
G	B	H	R	E	F	L	E	X	I	O	N	A	O	X
T	S	O	T	R	E	I	S	E	D	K	J	D	V	G
N	O	O	Q	R	Z	A	Q	R	K	T	N	H	K	W
C	R	D	V	N	M	G	C	R	A	A	B	V	K	M
A	E	R	P	E	Z	I	B	A	T	C	C	J	L	N
R	J	L	A	K	J	B	O	N	L	N	I	K	N	M
M	A	R	N	R	L	A	E	N	D	L	M	M	L	Z
E	S	R	E	J	L	C	S	A	A	P	A	A	O	M
L	N	D	S	W	A	D	V	Z	W	R	B	R	W	S
F	E	H	Z	P	D	I	F	L	G	A	G	T	O	L
B	M	L	A	M	D	Z	G	C	N	L	D	Z	R	N

○ Abigail
○ Apacentando
○ Asnos
○ Callaron
○ Carmel
○ Cuatrocientos
○ David
○ Desierto
○ Doscientos
○ Esquiladores
○ Grano
○ Mensajeros
○ Nabal
○ Ovejas
○ Panes
○ Preparado
○ Racimos
○ Reflexiona

116

Números 3:1-13

T	Z	R	P	R	I	M	O	G	É	N	I	T	O	S
U	R	A	Z	A	E	L	E	R	N	F	N	S	D	M
V	O	N	Y	T	N	S	L	E	N	O	F	O	E	F
I	Y	G	M	T	A	Y	G	L	R	N	P	I	S	S
E	G	X	R	T	L	I	J	E	M	Ú	W	L	C	A
R	T	C	I	A	P	C	I	G	L	I	R	I	E	C
O	R	V	O	T	C	C	T	W	R	B	W	S	N	E
N	E	E	O	N	E	N	D	V	A	A	E	N	D	R
L	X	L	U	R	S	C	E	S	M	L	T	E	I	D
P	R	J	F	N	M	A	I	N	A	Q	G	T	E	O
F	H	O	T	W	I	N	G	M	T	K	J	U	N	C
C	Z	W	M	T	A	Ó	I	R	I	Z	B	C	T	I
D	F	M	G	Í	N	N	N	N	Ó	K	L	K	E	O
J	X	Q	N	N	A	D	A	B	N	N	M	Q	S	T
R	C	O	N	G	R	E	G	A	C	I	Ó	N	V	N

- ○ Abiú
- ○ Animales
- ○ Congregación
- ○ Consagró
- ○ Descendientes
- ○ Egipto
- ○ Eleazar
- ○ Encargo
- ○ Itamar
- ○ Levitas
- ○ Nadab
- ○ Ofrecieron
- ○ Primogénitos
- ○ Reunión
- ○ Sacerdocio
- ○ Sinaí
- ○ Tuvieron
- ○ Utensilios

117

Jeremías 23:16-24

C	P	R	O	F	E	T	I	Z	A	N	B	W	V	E
O	O	M	Q	N	S	A	Z	N	A	R	E	P	S	E
B	V	R	T	R	N	F	V	T	C	X	P	C	T	P
S	R	N	R	C	P	I	Y	R	R	E	O	N	K	O
T	T	O	L	Í	S	P	R	V	N	N	E	J	K	S
I	C	K	R	I	A	Y	M	S	D	M	M	P	K	T
N	U	M	Ó	U	P	N	A	R	A	F	Q	Á	K	R
A	M	N	T	R	F	M	I	D	J	K	V	V	L	E
C	P	X	O	G	I	J	I	Y	R	R	D	O	Z	R
I	L	N	T	E	O	V	K	D	N	R	L	H	Q	O
Ó	I	N	N	S	E	C	A	B	E	Z	A	E	J	S
N	D	T	E	R	D	D	L	M	K	B	P	J	Y	J
L	O	G	T	D	L	B	R	S	E	C	R	E	T	O
S	B	A	A	A	P	E	T	N	E	M	A	L	O	S
T	V	H	M	N	W	O	C	U	L	T	A	R	Á	M

- ○ Atento
- ○ Atrevidamente
- ○ Cabeza
- ○ Corrían
- ○ Cumplido
- ○ Escondrijos
- ○ Esperanzas
- ○ Furor
- ○ Jehová
- ○ Maldad
- ○ Obstinación
- ○ Ocultará
- ○ Pensamientos
- ○ Postreros
- ○ Profetizan
- ○ Secreto
- ○ Solamente
- ○ Visión

Miqueas 5:1-9

J	A	C	O	B	T	C	Y	R	L	N	W	C	M	M
K	B	P	K	L	S	O	I	C	A	L	A	P	Q	Y
M	O	D	I	C	E	D	N	A	R	G	N	E	C	N
W	T	S	D	W	S	C	N	N	L	V	X	S	Z	Y
C	R	E	K	T	K	O	I	F	N	K	E	O	P	Á
C	D	L	X	V	N	M	R	K	L	F	T	R	N	R
O	E	A	G	N	R	Y	G	U	R	D	A	E	T	A
N	R	P	D	O	M	M	C	A	G	B	G	R	X	T
F	E	I	D	I	A	L	T	A	R	E	A	R	B	N
I	I	C	P	D	N	A	L	E	C	I	S	E	N	E
N	N	N	L	N	A	R	I	U	R	H	G	U	R	C
E	I	I	M	Q	D	H	E	I	V	L	O	G	Y	A
S	V	R	L	N	A	M	S	T	K	I	T	R	X	P
R	C	P	X	N	S	A	T	Q	E	P	A	X	R	A
B	B	E	L	É	N	C	N	K	P	F	B	S	F	O

- ○ Apacentará
- ○ Asiria
- ○ Belén
- ○ Cachorro
- ○ Confines
- ○ Efrata
- ○ Engrandecido
- ○ Eternidad
- ○ Guerreros
- ○ Hierba
- ○ Jacob
- ○ Lluvias
- ○ Manadas
- ○ Nimrod
- ○ Palacios
- ○ Principales
- ○ Seguros
- ○ Viniere

119

2 Crónicas 14:2-15

L	X	M	A	R	E	S	A	G	H	M	W	V	P	N
R	N	R	X	C	M	B	A	T	A	L	L	A	L	B
Q	Q	M	Y	S	O	D	U	C	S	E	P	S	V	W
P	C	K	C	G	Z	Z	H	F	H	D	S	E	A	W
Y	A	S	T	A	E	B	T	Y	E	Q	O	N	C	T
R	M	R	E	R	B	G	K	S	P	G	M	E	Z	R
A	E	F	A	P	Q	A	T	M	H	C	A	G	E	E
R	L	S	R	T	O	R	Ñ	A	Y	N	Y	Á	L	S
E	L	E	C	E	U	Í	R	A	V	B	O	M	A	C
G	O	F	V	Y	I	E	T	S	S	L	P	I	V	I
C	S	A	Ó	N	S	N	A	E	R	M	A	L	E	E
J	B	T	C	A	V	Z	A	M	T	N	W	Y	R	N
N	H	A	Z	N	N	T	Y	D	X	T	P	M	P	T
P	Q	B	L	A	M	K	W	T	O	T	T	Y	J	O
J	Q	K	L	V	K	R	L	S	E	R	R	O	T	S

- ○ Apoyamos
- ○ Asera
- ○ Batalla
- ○ Cabañas
- ○ Camellos
- ○ Destruyó
- ○ Escudos
- ○ Etíopes
- ○ Gerar
- ○ Imágenes
- ○ Lanzas
- ○ Maresa
- ○ Prevalezca
- ○ Reinado
- ○ Sefata
- ○ Torres
- ○ Trescientos
- ○ Zera

Jonás 2:1-10

Entonces oró Jonás a Jehová su Dios desde el vientre del pez, y dijo:

Invoqué en mi angustia a Jehová, y él me oyó;
Desde el seno del Seol clamé, Y mi voz oíste.
Me echaste a lo profundo, en medio de los mares, Y me rodeó la corriente;
Todas tus ondas y tus olas pasaron sobre mí.
Entonces dije: Desechado soy de delante de tus ojos;
Mas aún veré tu santo templo.
Las aguas me rodearon hasta el alma, Rodeóme el abismo;
El alga se enredó a mi cabeza.
Descendí a los cimientos de los montes;
La tierra echó sus cerrojos sobre mí para siempre;
Mas tú sacaste mi vida de la sepultura, oh Jehová Dios mío.
Cuando mi alma desfallecía en mí, me acordé de Jehová,
Y mi oración llegó hasta ti en tu santo templo.
Los que siguen vanidades ilusorias,
Su misericordia abandonan.
Mas yo con voz de alabanza te ofreceré sacrificios;
Pagaré lo que prometí.
La salvación es de Jehová.

Y mandó Jehová al pez, y vomitó a Jonás en tierra.

120

Zacarías 4:1-14

M	F	N	A	C	I	F	I	N	G	I	S	M	K	N
C	O	L	I	V	O	S	P	Y	D	W	X	N	V	P
O	C	P	P	Y	J	L	D	E	X	W	K	S	Q	I
N	C	I	N	E	O	V	R	L	M	R	E	N	A	E
O	X	R	M	M	Q	E	R	C	K	N	T	E	D	D
C	X	O	A	I	C	U	S	Z	O	P	I	T	R	R
E	C	D	T	H	E	A	E	I	L	M	E	R	E	A
R	A	S	A	I	R	N	C	Ñ	M	W	C	E	I	L
Á	H	L	O	A	C	A	T	X	E	K	A	I	U	V
S	Y	R	P	B	M	R	T	O	Q	C	V	V	Q	N
B	D	M	D	A	U	M	É	T	K	P	E	R	Z	W
Z	Á	F	L	N	T	T	V	J	L	V	N	S	I	G
L	C	C	Y	G	C	A	N	D	E	L	A	B	R	O
M	A	M	H	Q	Q	Z	O	R	O	B	A	B	E	L
K	N	T	K	K	O	D	A	T	R	E	P	S	E	D

- ○ Aceite
- ○ Aclamaciones
- ○ Candelabro
- ○ Cimiento
- ○ Conocerás
- ○ Derecha
- ○ Despertado
- ○ Ejército
- ○ Izquierda
- ○ Lámparas
- ○ Olivos
- ○ Pequeñeces
- ○ Piedra
- ○ Plomada
- ○ Significan
- ○ Tubos
- ○ Vierten
- ○ Zorobabel

Levítico 25:8-17

M	F	N	A	C	I	F	I	N	G	I	S	M	K	N
C	O	L	I	V	O	S	P	Y	D	W	X	N	V	P
O	C	P	P	Y	J	L	D	E	X	W	K	S	Q	I
N	C	I	N	E	O	V	R	L	M	R	E	N	A	E
O	X	R	M	M	Q	E	R	C	K	N	T	E	D	D
C	X	O	A	I	C	U	S	Z	O	P	I	T	R	R
E	C	D	T	H	E	A	E	I	L	M	E	R	E	A
R	A	S	A	I	R	N	C	Ñ	M	W	C	E	I	L
Á	H	L	O	A	C	A	T	X	E	K	A	I	U	V
S	Y	R	P	B	M	R	T	O	Q	C	V	V	Q	N
B	D	M	D	A	U	M	É	T	K	P	E	R	Z	W
Z	Á	F	L	N	T	T	V	J	L	V	N	S	I	G
L	C	C	Y	G	C	A	N	D	E	L	A	B	R	O
M	A	M	H	Q	Q	Z	O	R	O	B	A	B	E	L
K	N	T	K	K	O	D	A	T	R	E	P	S	E	D

- ○ Años
- ○ Cincuenta
- ○ Disminuirás
- ○ Engañe
- ○ Expiación
- ○ Frutos
- ○ Hermano
- ○ Jubileo
- ○ Libertad
- ○ Naciere
- ○ Número
- ○ Posesión
- ○ Prójimo
- ○ Santificaréis
- ○ Segaréis
- ○ Sembraréis
- ○ Siete
- ○ Trompeta

122

Amós 5:4-15

L	P	C	S	E	N	O	I	L	E	B	E	R	W	F
Z	L	R	O	R	N	K	R	A	Q	N	N	S	Y	Q
M	A	Q	Y	H	B	Z	D	N	M	K	P	E	X	A
K	N	Z	L	L	E	A	Q	N	J	L	L	L	K	T
Q	T	R	T	F	R	C	W	M	É	L	Q	A	C	E
T	A	H	O	B	O	P	H	Y	V	R	D	N	A	M
C	S	M	A	S	Y	S	A	O	W	X	O	U	I	O
N	T	L	É	V	N	D	C	V	D	J	R	B	C	C
C	E	X	Z	S	E	E	T	U	N	R	D	I	I	A
O	I	C	D	S	O	N	R	E	R	L	F	R	T	Q
N	S	Q	G	M	F	J	J	P	D	E	J	T	S	M
S	F	M	T	U	G	A	V	B	E	Q	C	R	U	M
U	M	L	E	E	T	N	E	D	U	R	P	E	J	P
M	G	G	L	B	E	E	R	S	E	B	A	B	R	P
A	O	L	A	G	L	I	G	L	J	O	R	I	Ó	N

- ○ Acometa
- ○ Ajenjo
- ○ Beerseba
- ○ Cohecho
- ○ Consuma
- ○ Fuego
- ○ Gilgal
- ○ José
- ○ Justicia
- ○ Labrada
- ○ Orión
- ○ Oscurecer
- ○ Plantasteis
- ○ Pléyades
- ○ Prudente
- ○ Rebeliones
- ○ Reprensor
- ○ Tribunales

Éxodo 14:10-21

L	P	C	S	E	N	O	I	L	E	B	E	R	W	F
Z	L	R	O	R	N	K	R	A	Q	N	N	S	Y	Q
M	A	Q	Y	H	B	Z	D	N	M	K	P	E	X	A
K	N	Z	L	L	E	A	Q	N	J	L	L	L	K	T
Q	T	R	T	F	R	C	W	M	É	L	Q	A	C	E
T	A	H	O	B	O	P	H	Y	V	R	D	N	A	M
C	S	M	A	S	Y	S	A	O	W	X	O	U	I	O
N	T	L	É	V	N	D	C	V	D	J	R	B	C	C
C	E	X	Z	S	E	E	T	U	N	R	D	I	I	A
O	I	C	D	S	O	N	R	E	R	L	F	R	T	Q
N	S	Q	G	M	F	J	J	P	D	E	J	T	S	M
S	F	M	T	U	G	A	V	B	E	Q	C	R	U	M
U	M	L	E	E	T	N	E	D	U	R	P	E	J	P
M	G	G	L	B	E	E	R	S	E	B	A	B	R	P
A	O	L	A	G	L	I	G	L	J	O	R	I	Ó	N

- ○ Aguas
- ○ Alumbraba
- ○ Caballería
- ○ Campamento
- ○ Columna
- ○ Desierto
- ○ Divídelo
- ○ Egipcios
- ○ Extendió
- ○ Faraón
- ○ Glorifique
- ○ Marchen
- ○ Moisés
- ○ Nube
- ○ Oriental
- ○ Salvación
- ○ Tranquilos
- ○ Vara

Habacuc 2:2-14

L	P	C	S	E	N	O	I	L	E	B	E	R	W	F
Z	L	R	O	R	N	K	R	A	Q	N	N	S	Y	Q
M	A	Q	Y	H	B	Z	D	N	M	K	P	E	X	A
K	N	Z	L	L	E	A	Q	N	J	L	L	L	K	T
Q	T	R	T	F	R	C	W	M	É	L	Q	A	C	E
T	A	H	O	B	O	P	H	Y	V	R	D	N	A	M
C	S	M	A	S	Y	S	A	O	W	X	O	U	I	O
N	T	L	É	V	N	D	C	V	D	J	R	B	C	C
C	E	X	Z	S	E	E	T	U	N	R	D	I	I	A
O	I	C	D	S	O	N	R	E	R	L	F	R	T	Q
N	S	Q	G	M	F	J	J	P	D	E	J	T	S	M
S	F	M	T	U	G	A	V	B	E	Q	C	R	U	M
U	M	L	E	E	T	N	E	D	U	R	P	E	J	P
M	G	G	L	B	E	E	R	S	E	B	A	B	R	P
A	O	L	A	G	L	I	G	L	J	O	R	I	Ó	N

- ○ Acumular
- ○ Ciudades
- ○ Cubren
- ○ Despojo
- ○ Deudores
- ○ Enmaderado
- ○ Enorgullece
- ○ Fatigarán
- ○ Ganancia
- ○ Injusta
- ○ Levanter
- ○ Naciones
- ○ Robos
- ○ Sangre
- ○ Sarcasmos
- ○ Soberbio
- ○ Tablas
- ○ Vergonzoso

125

Joel 2:19-27

W	A	N	L	N	R	M	Z	C	T	Q	Q	L	E	N
B	D	I	Ó	Q	S	E	R	A	G	A	L	T	Z	Á
E	B	E	V	I	W	Y	H	T	Q	L	R	Z	Q	R
T	R	R	S	U	C	L	N	N	R	O	K	G	C	A
A	O	O	M	I	L	I	P	B	N	Y	N	R	C	S
R	R	L	P	N	E	L	R	M	Y	S	R	A	S	O
G	U	J	P	R	N	R	X	D	E	D	K	N	A	B
É	G	T	C	Ó	O	H	T	L	U	R	Y	D	L	E
L	A	F	T	H	I	B	A	A	V	P	T	E	L	R
A	Z	L	H	G	P	M	I	K	R	C	M	S	I	Q
K	A	V	U	P	I	L	J	O	J	M	H	H	V	D
S	Y	E	A	N	O	C	C	I	D	E	N	T	A	L
R	R	N	A	R	G	G	R	X	N	M	Y	W	R	F
A	V	E	R	G	O	N	Z	A	D	O	R	G	A	R
L	W	S	O	T	S	A	P	K	V	X	W	R	M	Z

- ○ Alégrate
- ○ Animales
- ○ Avergonzado
- ○ Desierta
- ○ Grandes
- ○ Higuera
- ○ Lagares
- ○ Lluvia
- ○ Maravillas
- ○ Norte
- ○ Occidental
- ○ Oprobio
- ○ Oruga
- ○ Pan
- ○ Pastos
- ○ Pudrición
- ○ Rebosarán
- ○ Saltón

126

Zacarías 1:7-17

C	N	X	C	A	B	A	L	L	O	S	L	Y	E	S
T	O	A	R	U	D	N	O	H	N	K	N	S	E	S
N	Q	N	N	A	T	N	E	T	E	S	C	B	O	O
Q	U	W	S	X	M	M	Y	W	Z	O	A	T	H	M
K	I	K	J	O	T	S	Y	P	G	T	R	T	S	I
H	E	Q	N	Q	L	D	A	E	L	I	M	A	T	C
L	T	K	Y	N	M	A	R	D	M	O	Í	Q	M	É
Z	A	T	C	O	T	Á	D	F	A	U	M	J	T	D
L	O	V	E	R	O	S	F	O	Q	S	G	A	P	N
Á	K	D	J	A	L	G	Q	E	R	T	O	C	D	U
V	F	A	N	V	P	L	R	G	X	A	N	P	M	A
O	T	R	B	A	G	E	M	O	L	N	S	J	E	R
H	K	Í	J	R	B	T	W	N	D	M	Z	N	G	R
E	P	O	H	G	X	K	K	L	N	D	R	M	M	K
J	N	L	Z	A	C	A	R	Í	A	S	I	T	X	Y

- ○ Agravaron
- ○ Berequías
- ○ Caballos
- ○ Consoladoras
- ○ Darío
- ○ Escogerá
- ○ Hondura
- ○ Iddo
- ○ Jehová
- ○ Mirtos
- ○ Overos
- ○ Plomada
- ○ Quieta
- ○ Reposadas
- ○ Sebat
- ○ Setenta
- ○ Undécimo
- ○ Zacarías

Respuestas

1

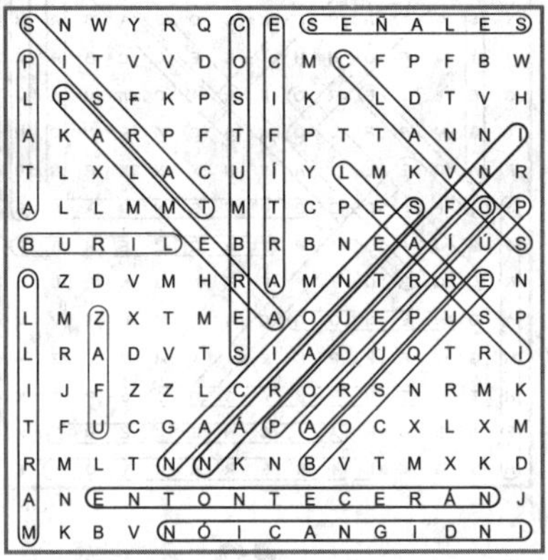

2

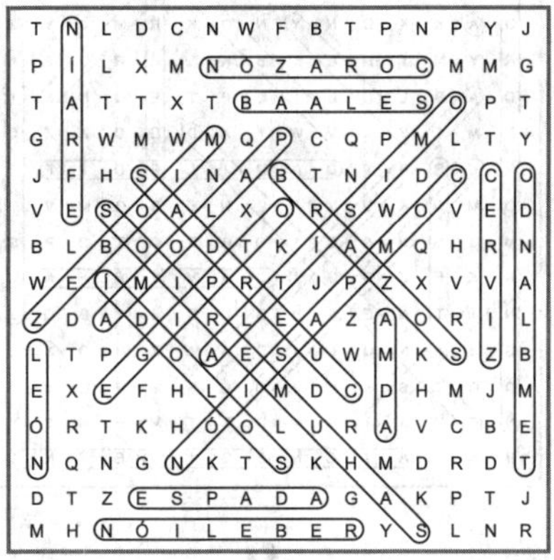

3

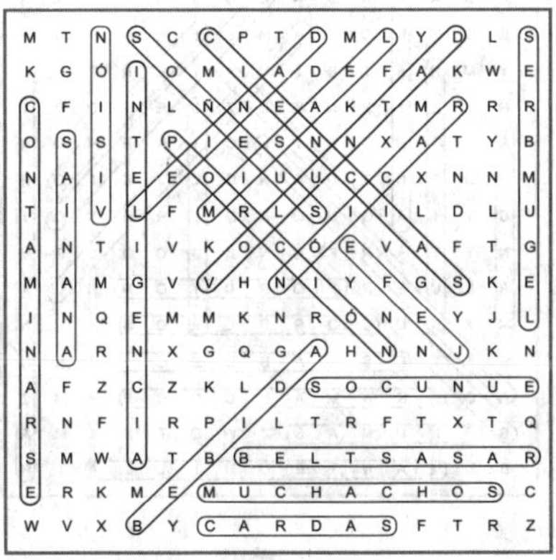

4

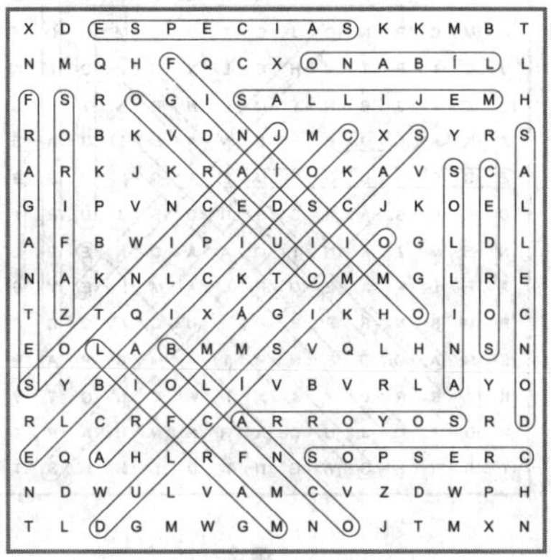

5

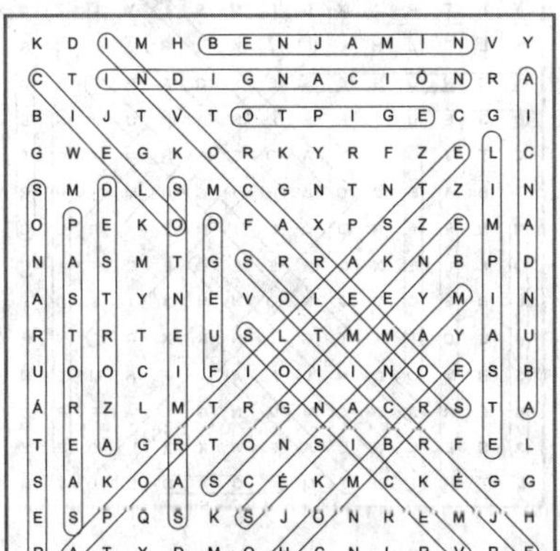

6

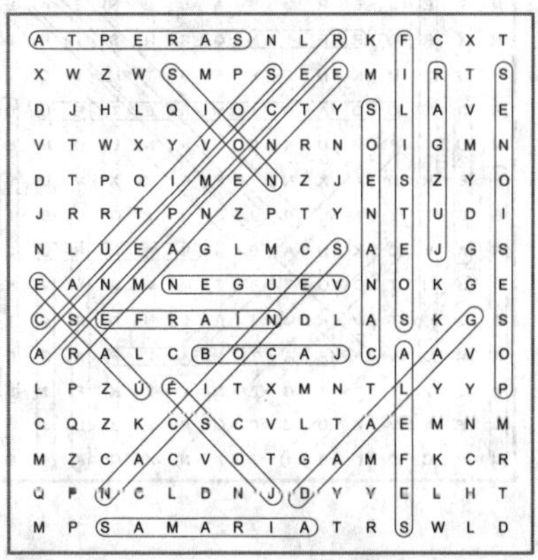

7

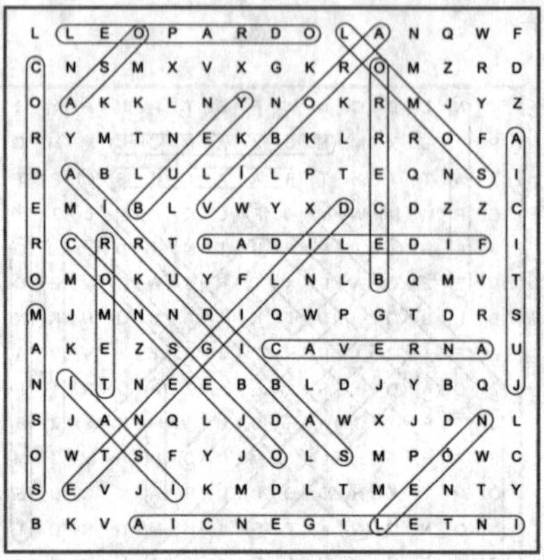

8

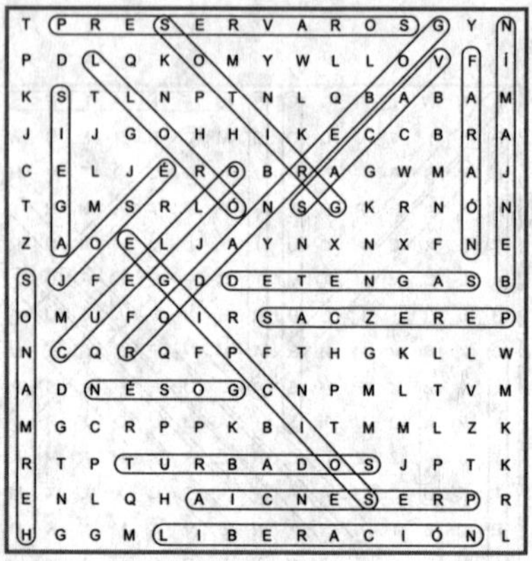

9

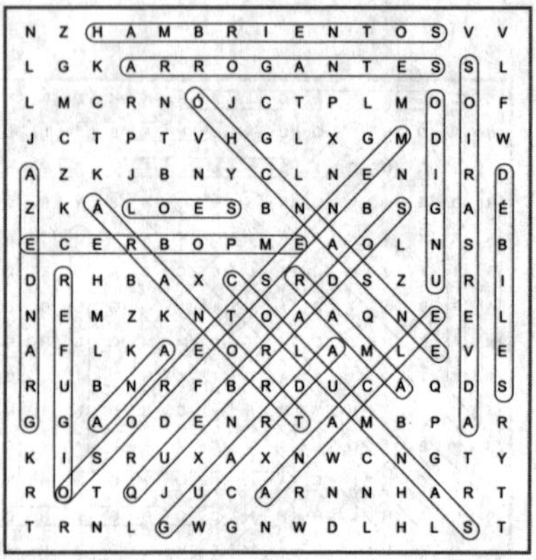

10

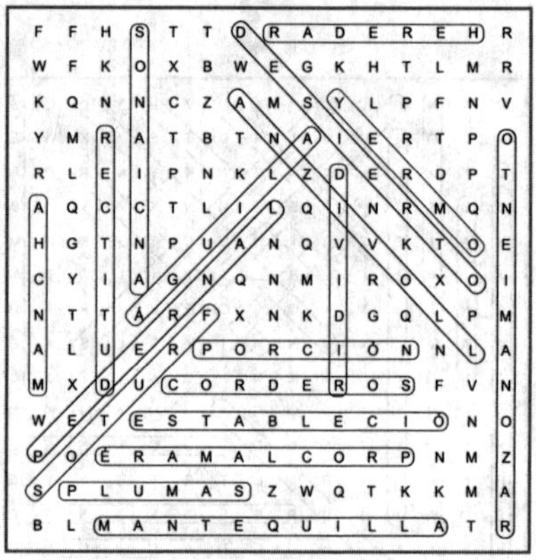

11

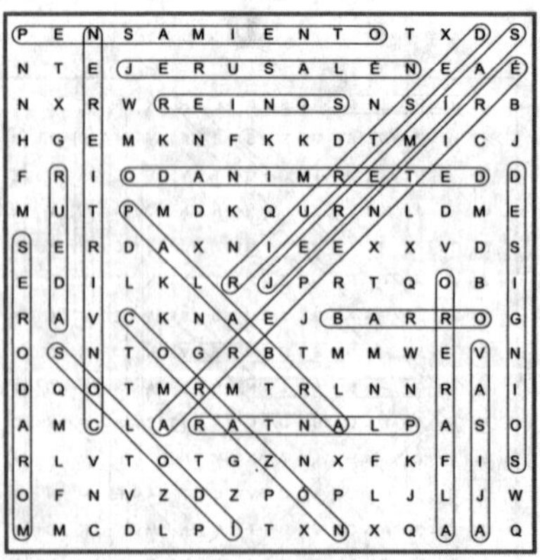

12

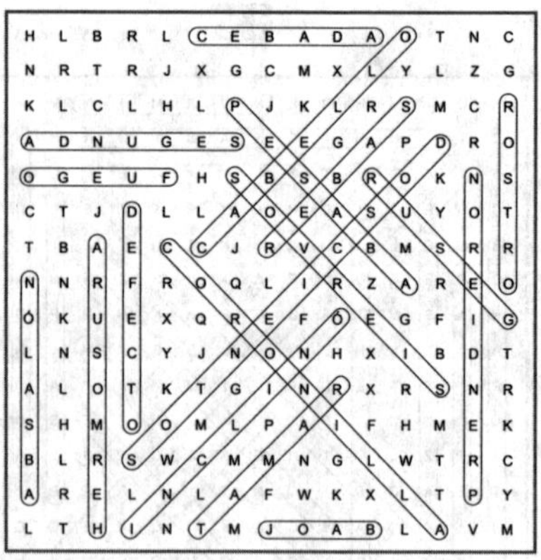

13

D	Y	W	C	Q	P	F	M	F	X	S	K	L	T	Q
R	X	A	P	O	C	E	N	A	A	V	O	X	N	Y
H	T	N	I	K	M	M	Z	R	Z	D	J	I	Q	P
E	F	O	E	T	Z	P	U	U	I	N	N	Q	I	T
R	R	D	D	Q	P	D	R	C	Ñ	S	A	E	J	D
M	L	N	A	D	A	O	E	A	E	A	Z	T	T	B
A	N	A	D	T	I	R	N	N	D	A	S	D	A	N
N	N	B	A	R	U	M	S	M	S	O	H	R	L	M
D	A	A	A	C	Z	A	D	V	H	P	R	B	N	C
A	B	L	S	T	T	C	O	M	P	A	Ñ	E	R	A
D	A	O	G	O	N	E	R	A	D	E	U	Q	S	B
S	R	L	É	R	A	R	B	I	L	T	Q	R	N	R
X	I	K	O	V	E	J	A	S	K	N	C	K	R	G
M	M	P	E	R	N	I	Q	U	E	B	R	A	D	A
F	T	R	E	I	N	T	A	R	J	M	Z	F	F	N

14

Q	O	S	O	T	N	E	M	U	R	T	S	N	I	B
R	Ñ	N	W	F	M	L	T	S	L	L	L	D	R	O
Y	E	Ó	D	O	D	T	M	N	E	M	W	A	I	R
R	U	I	M	S	N	A	N	T	L	N	R	N	Z	D
N	S	S	Z	O	C	T	N	Z	T	B	O	K	R	E
X	N	E	V	K	R	L	T	I	I	C	D	E	Q	N
B	M	L	C	V	X	G	V	L	E	P	C	B	L	A
O	P	E	Y	C	M	D	D	N	A	L	L	J	H	N
D	R	N	D	Z	W	O	T	L	T	K	J	B	H	Z
A	N	W	R	I	L	E	A	A	I	S	R	E	P	A
G	H	L	X	L	A	C	A	U	T	I	V	O	S	J
O	W	R	I	B	I	P	V	I	V	I	E	N	T	E
R	K	N	M	O	K	W	P	E	T	I	C	I	Ó	N
B	A	T	F	G	W	L	W	Y	K	L	F	C	Y	K
A	T	J	M	A	N	E	R	A	G	B	G	Y	J	R

15

Y	A	C	I	F	I	R	C	A	S	T	W	M	C	N
D	I	N	S	E	N	S	A	T	E	Z	O	S	I	O
C	A	G	R	A	D	A	B	L	E	S	A	B	E	R
O	R	D	T	R	Q	N	R	K	E	B	C	Z	N	E
T	M	K	I	C	B	K	T	C	I	O	E	K	C	I
N	B	A	N	N	J	G	U	O	R	R	C	M	I	C
E	T	M	Z	X	A	S	S	A	R	K	E	M	A	E
M	B	B	Z	N	S	V	Z	M	O	L	T	U	R	N
A	L	N	L	A	A	Ó	M	I	B	J	N	E	C	E
R	V	R	N	A	N	R	P	E	K	K	O	R	D	F
U	P	A	C	N	N	M	E	K	M	Q	C	T	V	T
J	F	D	L	J	I	C	N	P	Z	O	A	O	M	B
A	B	H	M	L	Z	N	O	K	S	V	R	S	B	W
R	A	R	A	L	C	E	D	S	K	E	M	I	P	B
B	B	N	L	M	L	C	N	T	T	K	Q	J	A	K

16

S	M	T	E	S	T	I	P	U	L	A	D	O	L	G
E	N	D	L	S	S	O	I	L	I	S	N	E	T	U
T	K	E	C	T	E	X	T	S	Á	O	J	L	L	F
O	W	S	K	R	L	C	D	G	R	H	P	Q	J	Z
D	J	P	G	Z	I	Q	R	C	M	T	D	I	R	S
R	P	A	X	U	Ñ	S	K	E	A	G	N	L	O	L
E	K	B	T	T	A	W	A	Z	T	C	G	L	C	A
C	L	I	D	R	B	R	A	N	I	A	L	D	B	R
A	D	L	K	O	L	S	D	E	I	I	R	E	L	S
S	A	A	L	M	A	Q	N	A	T	A	S	I	B	I
C	D	D	H	P	L	S	R	R	B	R	F	B	O	B
Y	A	E	N	E	O	V	O	W	E	A	L	O	L	I
D	I	R	W	T	W	P	V	E	C	Q	N	R	J	A
L	O	A	T	A	Q	N	B	O	L	P	M	E	T	C
V	J	S	W	S	R	E	P	A	R	A	B	A	N	N

17

L	O	D	A	I	C	E	R	P	S	O	N	E	M	S
A	T	P	N	N	X	G	H	T	E	N	L	L	E	B
R	R	E	Ó	T	Ó	V	Y	N	R	M	C	D	Z	J
U	D	C	I	C	J	I	G	O	B	R	A	Z	O	T
S	E	A	C	V	Á	A	C	G	V	D	M	R	K	O
O	S	D	C	O	Ñ	R	T	A	I	R	K	R	I	R
M	C	O	I	O	V	Q	C	U	R	Y	E	C	H	E
R	A	R	L	N	M	E	Q	E	W	E	N	I	P	B
E	R	E	F	N	Q	I	J	V	L	U	N	L	S	E
H	R	S	A	K	N	P	Y	A	N	N	D	E	T	L
P	I	M	X	I	V	W	V	A	V	F	L	P	G	I
K	A	S	E	D	A	D	E	M	R	E	F	N	E	O
Q	M	A	N	I	F	E	S	T	A	D	O	C	P	N
M	O	K	O	H	C	E	F	S	I	T	A	S	P	E
B	S	N	V	O	L	U	N	T	A	D	K	N	M	S

18

R	H	K	L	V	O	A	I	C	I	I	F	D	E	P
M	T	K	L	A	Q	U	I	S	T	N	Q	R	O	L
R	A	V	E	S	T	R	U	C	E	S	A	S	H	C
C	O	R	Y	K	M	N	R	R	M	T	E	Y	H	E
X	F	D	E	L	N	G	M	N	N	E	T	A	Y	T
M	R	L	A	S	N	X	K	E	D	G	C	K	C	A
A	Z	B	M	J	A	Z	M	O	P	A	Y	A	A	L
R	A	B	E	Q	O	A	R	B	L	G	P	Z	U	Í
O	A	I	M	T	L	P	V	E	T	N	M	N	T	U
T	N	Z	L	L	E	G	S	M	Y	A	V	E	I	Q
L	Á	C	B	K	T	S	K	E	L	R	J	Ü	V	S
R	N	A	X	L	A	W	E	U	D	T	N	G	E	A
M	M	Z	Z	D	G	Z	D	L	J	B	L	R	R	R
T	N	P	L	F	X	A	C	F	Q	C	Z	E	I	T
F	Y	N	T	R	I	F	A	S	T	N	G	V	O	Q

19

Q	V	L	T	Z	S	E	R	O	D	A	G	E	S	R
E	O	L	L	N	L	M	T	Z	E	X	Q	R	R	E
X	M	F	M	T	B	G	O	R	R	R	T	N	S	M
T	O	Z	M	Q	D	O	G	T	U	T	M	É	A	U
R	D	X	K	D	B	A	J	T	P	N	R	L	J	N
A	R	R	C	O	N	S	O	L	A	D	O	E	I	E
N	O	L	E	I	S	O	J	O	N	A	M	B	S	R
J	Y	Y	V	F	C	R	G	E	M	C	G	W	A	A
E	A	J	O	R	U	A	A	R	S	M	N	L	V	C
R	M	N	L	D	V	G	Í	R	Y	P	K	M	X	I
A	F	R	J	I	I	M	I	J	G	H	I	V	N	Ó
G	H	M	L	T	E	R	Z	A	N	E	Z	G	C	N
K	R	L	T	O	Z	L	A	K	R	Q	U	K	A	X
N	A	L	N	K	T	M	R	M	W	T	G	S	V	R
S	H	L	P	O	T	A	J	E	T	B	E	L	L	V

20

L	T	A	Z	I	R	D	O	N	L	L	W	T	V	L
J	K	K	Q	F	D	L	F	D	T	A	E	M	J	S
T	J	H	E	R	M	O	S	O	N	L	O	V	C	O
M	L	B	V	K	C	Z	N	A	G	I	F	M	Í	E
M	L	M	A	D	P	A	M	Ó	S	Q	L	H	D	R
Ó	O	B	L	T	A	R	R	É	A	O	L	O	K	B
J	R	C	L	W	E	L	S	R	T	R	N	T	N	E
I	A	O	I	H	P	J	L	L	I	C	A	F	L	H
H	B	M	U	Y	Z	R	A	I	E	Z	H	F	B	T
O	A	P	Q	D	C	F	R	L	R	K	A	C	D	H
R	C	A	R	K	S	M	L	R	H	O	P	L	X	Q
P	N	S	A	A	C	A	L	A	F	A	T	E	Ó	F
R	T	I	N	C	W	X	N	N	N	N	J	Z	M	D
W	T	Ó	T	O	D	I	D	N	O	C	S	E	R	F
B	N	N	P	P	L	Q	L	R	I	B	E	R	A	N

21

L	T	R	D	R	E	G	O	C	Í	J	A	T	E	O
Q	Y	F	O	P	O	D	E	R	O	S	O	A	T	E
T	S	T	R	R	L	S	E	C	O	V	D	N	E	N
C	O	D	M	J	D	K	L	W	S	A	E	G	D	S
Z	D	G	I	B	V	E	M	O	Z	I	E	T	L	O
N	A	D	R	J	N	K	B	N	M	N	M	N	I	B
É	T	T	Á	M	K	E	O	I	G	D	J	V	M	E
L	N	R	N	B	R	G	T	A	L	X	T	F	U	R
A	E	J	L	B	R	N	Ñ	V	M	I	L	Y	H	B
S	C	L	I	E	E	O	P	H	R	L	T	L	J	E
U	A	A	V	S	S	Q	S	U	T	W	T	E	T	C
R	P	A	N	A	K	Q	M	O	R	F	P	N	N	E
E	A	O	G	C	R	E	M	A	N	E	N	T	E	R
J	C	V	A	Í	P	O	I	T	E	A	Z	K	M	Á
K	G	M	C	Á	N	T	I	C	O	S	M	A	Q	S

22

F	V	T	K	P	H	R	O	D	I	L	L	A	S	O
L	A	D	E	U	Q	E	S	O	N	A	B	Í	L	R
C	H	A	C	A	L	E	S	G	D	S	J	E	G	E
Y	O	M	R	E	Y	V	K	N	O	U	M	E	K	T
S	C	D	Q	J	L	F	R	D	N	R	S	R	S	R
D	O	S	G	Z	G	G	I	C	A	A	O	E	E	I
D	E	R	A	C	F	M	O	C	R	H	D	I	T	B
D	A	S	E	N	I	S	Y	Ó	F	E	Í	V	N	U
P	J	D	I	D	T	K	N	K	T	R	O	U	E	C
Y	L	B	E	E	A	I	L	L	D	M	N	D	R	I
Q	G	R	Q	L	R	N	D	M	Y	O	R	N	R	Ó
R	L	M	K	P	O	T	A	A	N	S	L	A	O	N
B	P	Q	K	P	H	S	O	M	D	U	C	X	T	M
W	Z	R	R	W	M	Q	K	M	T	R	T	Q	R	V
M	T	C	N	M	N	J	K	M	Q	A	Q	F	K	X

23

S	O	B	R	E	M	A	N	E	R	A	A	N	N	S
M	S	O	T	I	C	R	É	J	E	B	M	F	N	A
K	P	R	E	V	A	R	I	C	A	C	I	Ó	N	C
N	M	S	A	N	T	U	A	R	I	O	N	M	Y	R
P	J	G	F	K	Z	A	E	N	I	G	L	V	R	I
L	F	B	X	N	Z	D	E	D	Ó	B	F	B	W	F
L	D	V	H	R	I	K	S	S	Q	I	E	P	V	I
D	N	A	E	S	J	L	A	R	A	R	S	R	N	C
E	D	U	N	L	Q	K	L	A	H	P	V	I	A	I
R	F	O	V	I	S	R	L	S	B	L	A	N	V	O
R	C	H	X	U	E	N	E	A	R	Q	R	C	Z	P
I	B	R	S	G	R	L	R	S	F	B	W	E	S	G
B	D	A	M	C	D	F	T	L	Y	B	L	F	M	E
Ó	H	I	A	L	U	L	S	E	F	A	L	M	N	R
C	U	E	R	N	O	S	E	B	M	H	Y	M	H	G

24

F	P	Y	J	B	M	M	D	G	G	M	T	K	B	L
S	A	L	L	E	C	N	O	D	M	K	N	L	E	N
P	C	Q	Z	A	G	S	A	A	S	B	C	J	N	A
D	F	T	F	R	J	E	C	O	N	Í	A	S	E	B
V	Q	F	K	B	A	B	I	L	O	N	I	A	V	U
F	R	Q	R	K	L	H	Y	P	F	D	S	S	O	C
S	L	E	P	N	R	I	E	M	E	L	O	A	L	O
E	L	V	T	N	B	R	N	C	K	N	T	D	E	D
T	R	T	G	S	F	A	L	A	O	Q	U	A	N	O
I	J	K	K	U	E	A	N	R	J	V	B	H	C	N
E	B	V	M	A	R	T	E	Q	I	E	I	Z	I	O
F	X	E	H	A	S	U	P	T	U	A	R	G	A	S
A	S	M	S	D	S	U	S	T	G	E	T	R	R	O
Q	H	E	N	A	L	A	S	E	T	J	T	V	C	R
W	M	Z	C	T	V	R	H	T	L	N	N	E	R	M

25

Q	S	L	T	N	A	C	I	O	N	E	S	E	T	R
D	T	I	M	A	N	A	S	É	S	D	N	F	A	O
H	A	D	Q	T	H	R	T	F	L	A	S	J	S	D
L	F	A	E	U	Q	L	N	T	L	O	I	O	L	A
Y	E	B	L	S	E	B	W	T	D	S	C	H	O	L
F	F	O	L	A	E	M	E	A	A	O	W	L	I	S
F	R	I	R	C	G	C	R	V	R	X	A	W	R	I
R	A	R	R	F	I	B	H	R	R	P	B	P	E	G
K	Í	A	M	D	I	G	O	A	R	N	X	R	T	E
V	N	S	A	L	L	C	H	A	D	R	B	O	L	L
G	T	R	T	N	D	G	Q	F	G	O	R	E	A	G
L	R	E	L	A	E	T	S	I	L	I	F	Z	S	D
H	R	V	N	J	J	T	O	C	U	S	R	A	T	V
D	G	D	J	M	C	A	N	T	A	R	É	S	J	V
C	M	A	M	L	P	T	C	R	R	J	K	N	K	X

26

L	V	N	B	N	M	N	O	R	E	Y	E	R	C	F
M	B	C	J	F	U	E	R	T	E	M	E	N	T	E
N	G	U	F	S	A	J	E	V	O	T	J	K	K	L
P	P	M	E	C	R	A	T	A	R	D	O	R	V	O
E	R	A	C	Y	V	K	Ñ	K	T	M	L	R	H	T
R	O	D	E	M	E	A	R	I	E	N	R	T	N	N
E	C	I	N	A	M	S	T	R	P	A	T	K	L	E
C	L	U	I	N	T	J	T	N	I	A	T	M	P	M
E	A	R	Z	D	G	X	O	C	E	Z	R	C	D	I
R	M	T	A	A	E	R	N	Ñ	H	R	I	H	R	L
E	A	S	C	T	N	U	Í	R	Á	L	A	M	W	A
M	R	E	G	O	N	N	N	L	I	S	R	U	T	L
O	O	D	P	A	I	C	R	C	N	V	X	R	C	Z
S	N	N	N	V	B	W	I	Q	M	Y	F	W	G	N
P	L	D	E	X	R	O	N	F	Z	L	Y	R	D	B

27

F	R	O	R	B	L	V	L	T	K	Y	B	F	V	I
V	J	P	R	N	F	L	H	Z	H	N	V	P	S	N
R	L	R	R	I	U	R	Q	K	S	Ó	N	A	G	T
M	P	J	D	V	F	D	T	A	Y	D	J	O	R	E
D	N	R	I	I	V	A	B	T	T	A	W	I	E	L
B	A	A	E	L	A	I	Z	F	H	B	L	C	L	I
S	N	D	K	P	D	M	E	L	G	A	H	A	Á	G
A	M	D	I	U	A	C	A	N	N	W	N	P	M	E
S	L	C	R	D	I	R	Y	N	P	W	C	O	P	N
O	H	Í	W	N	E	B	Ó	R	T	L	J	T	A	C
I	A	K	Ó	B	G	M	M	K	T	E	M	R	G	I
C	P	D	E	S	C	U	B	R	I	Ó	G	I	O	A
E	N	V	S	E	T	N	E	I	V	I	V	F	D	T
R	A	B	A	T	S	E	F	I	N	A	M	O	K	F
P	Z	J	D	Z	Y	W	T	P	L	A	T	A	Y	T

28

R	N	T	F	B	X	C	L	N	M	J	P	A	Z	P
A	F	A	N	Q	A	R	A	G	L	J	R	R	Y	Q
L	Y	L	B	R	T	B	T	Y	T	C	K	U	N	D
I	R	M	A	A	A	D	L	F	E	V	B	G	C	R
U	Q	S	V	D	E	E	Z	W	M	N	U	I	Z	E
G	A	L	N	N	Ó	L	V	K	P	W	E	F	J	S
Á	Z	A	Z	N	N	I	L	I	E	Y	Y	M	U	P
B	N	Q	M	W	L	O	Z	E	S	D	F	K	N	L
T	A	C	F	B	G	L	T	Q	T	I	Z	Q	T	A
B	J	B	D	E	R	M	H	K	U	N	O	M	A	N
P	E	G	U	R	M	O	K	X	O	I	E	N	B	D
K	M	F	P	X	V	D	N	L	S	H	E	C	A	E
S	E	N	O	B	R	A	C	C	O	P	B	R	N	C
L	S	B	E	C	E	R	R	O	E	C	M	N	D	Í
H	L	P	H	A	C	H	O	N	E	S	T	K	T	A

29

S	S	H	M	N	Ó	I	C	C	U	R	T	S	E	D
O	O	K	V	N	B	M	A	D	A	T	I	U	Q	L
N	R	M	F	V	C	L	L	I	B	A	C	I	Ó	N
A	E	N	A	S	A	M	B	L	E	A	R	G	T	C
I	N	F	O	N	P	M	I	D	J	S	W	E	H	L
C	A	N	F	R	L	R	E	N	E	F	R	N	O	A
N	R	L	T	P	E	S	A	R	I	R	K	D	T	M
A	G	B	Z	U	I	I	O	D	O	S	A	G	D	A
R	Z	T	E	E	R	D	M	N	E	T	T	A	R	R
E	D	N	R	S	A	B	E	I	A	R	T	R	C	É
B	B	T	L	R	T	S	A	B	G	N	A	P	O	L
A	O	L	O	X	P	I	E	D	E	T	W	S	B	S
Ñ	X	M	Y	R	R	R	A	M	O	K	L	L	T	R
O	Q	F	T	R	R	B	A	S	X	S	M	D	P	B
S	L	B	F	A	G	L	V	K	R	N	N	J	B	R

30

A	R	U	D	A	D	R	A	U	O	L	L	S	T	Y
M	L	R	A	N	T	E	M	U	R	O	E	Q	Z	E
A	H	O	T	P	Z	T	K	P	O	D	D	V	E	T
D	N	D	L	X	M	K	A	D	A	F	A	A	N	N
R	Ó	I	J	T	L	S	A	D	O	B	D	K	E	E
U	I	G	N	D	O	V	R	R	G	A	I	Q	M	M
G	C	I	L	S	L	E	T	J	Z	P	U	Y	I	A
A	A	L	Ó	A	V	A	C	L	D	N	Q	H	G	U
R	V	F	M	L	L	N	A	Á	T	F	I	G	O	T
É	L	A	K	E	L	R	O	Y	N	M	N	J	S	E
Y	A	N	Z	L	X	I	G	M	K	T	I	N	X	P
X	S	A	K	P	V	K	M	T	B	B	I	L	M	R
D	X	Q	N	P	Y	P	L	U	B	R	N	C	C	E
D	U	T	I	T	C	E	R	R	H	Y	E	M	O	P
W	M	E	N	E	S	T	E	R	O	S	O	S	G	T

31

S	T	S	L	Q	T	N	J	O	L	P	M	E	T	T
A	E	O	D	U	O	S	N	E	I	C	N	I	A	O
D	S	L	K	E	N	S	L	K	R	X	G	Z	R	H
A	O	L	E	R	S	N	A	F	N	A	A	E	T	S
C	R	I	J	U	O	A	K	R	R	S	L	K	X	O
I	E	R	E	B	T	M	M	F	A	E	W	T	B	I
F	R	B	C	I	N	Y	I	P	D	P	L	X	P	R
I	Í	E	U	N	E	O	N	N	A	S	M	L	X	A
T	A	L	T	E	S	B	A	S	A	R	Z	Á	N	T
N	S	L	A	S	O	C	L	T	A	J	A	M	L	N
A	G	P	R	R	P	L	I	K	K	L	Y	R	B	U
S	T	L	Y	T	A	V	G	F	Y	K	O	L	Á	L
N	J	V	Z	C	E	T	Q	R	W	K	M	M	W	O
N	C	N	D	L	D	A	V	I	D	C	G	M	Ó	V
P	R	O	P	I	C	I	A	T	O	R	I	O	W	N

32

R	M	S	K	P	R	E	D	I	C	A	D	O	R	L
F	M	O	R	P	G	A	X	T	G	F	A	F	L	K
A	H	L	A	N	Y	N	C	P	S	I	A	K	G	L
T	C	G	M	X	K	A	L	E	R	R	D	I	N	G
I	L	I	N	N	N	F	D	O	U	E	R	N	Y	E
G	A	S	B	K	T	A	M	S	D	A	S	K	Z	N
O	Z	T	R	R	D	E	E	W	N	Q	W	A	P	E
S	Z	H	N	I	M	R	V	D	H	Y	D	K	R	R
A	L	K	N	A	P	C	O	N	T	I	N	U	O	A
S	L	A	K	A	V	N	N	P	N	J	T	Q	V	C
V	V	V	I	N	I	E	R	O	N	P	M	P	E	I
K	R	M	D	W	R	F	L	H	Q	Z	T	L	C	Ó
R	R	C	L	N	É	L	A	S	U	R	E	J	H	N
Q	Y	M	N	N	O	R	T	E	K	F	N	Y	O	P
M	E	C	E	N	A	M	R	E	P	N	Y	R	K	P

33

E	O	K	T	Z	C	Ú	A	S	E	R	W	Y	R	O
L	D	O	I	R	O	T	I	R	R	E	T	M	D	J
B	A	L	M	D	M	A	L	A	Q	U	Í	A	S	D
A	I	N	E	E	P	C	L	P	K	N	N	T	V	C
I	C	E	M	S	L	N	H	G	A	G	G	P	G	D
C	E	R	P	O	A	W	V	A	I	R	I	F	Q	H
E	R	B	O	L	C	R	O	D	C	E	N	X	W	T
R	P	M	B	A	E	P	N	F	D	A	E	O	N	V
P	S	U	R	C	N	I	R	A	R	N	L	P	H	L
S	O	L	E	I	C	L	D	O	F	E	H	E	A	T
E	N	A	C	Ó	I	H	P	E	F	Z	N	M	S	X
D	E	N	I	N	A	V	R	F	H	E	I	D	F	Z
V	M	T	D	Q	W	M	N	T	Y	N	C	K	A	M
B	N	D	O	L	O	R	K	L	A	R	V	Í	Z	T
H	T	W	T	A	R	R	U	I	N	A	D	O	A	N

34

D	C	L	C	T	L	K	A	J	Á	B	A	S	J	O
N	M	A	E	S	T	R	E	S	A	L	A	S	W	L
S	S	A	I	C	E	P	S	E	P	C	I	X	M	A
L	E	X	J	D	P	K	H	R	Y	L	C	P	K	D
C	R	N	A	X	W	C	E	R	A	N	N	I	F	N
C	A	M	O	Y	X	C	R	D	F	R	A	E	N	Á
A	J	M	V	I	I	O	A	T	T	B	D	D	L	S
N	M	G	E	O	C	R	F	S	M	I	N	R	L	M
T	Q	A	S	L	B	A	O	R	F	R	U	A	N	A
O	W	A	N	M	L	T	T	I	E	D	B	S	W	R
R	S	F	O	I	N	O	C	I	G	C	A	L	T	I
E	T	S	B	E	E	A	S	W	B	Y	Í	P	B	H
S	A	W	L	M	D	R	C	R	W	A	Y	A	H	D
K	G	A	G	O	L	K	X	T	H	T	H	X	M	V
H	T	J	B	A	L	A	U	S	T	R	E	S	X	M

35

G	A	I	C	N	E	R	E	V	E	R	F	M	M	S
J	R	R	Q	V	D	E	V	O	L	V	E	R	É	O
B	B	A	T	N	T	J	J	K	G	A	M	M	L	V
D	W	R	B	X	G	O	H	Y	S	H	Q	F	Z	R
L	V	V	M	E	N	D	P	E	R	T	Z	R	R	E
E	N	T	F	A	D	V	M	E	M	K	O	U	T	I
I	W	N	T	A	H	O	Y	G	Q	M	Q	T	P	S
M	N	Á	K	J	M	T	L	E	E	U	D	O	H	C
A	N	P	P	Q	J	I	M	T	E	N	E	S	G	R
G	F	Y	I	P	P	R	L	D	W	K	Y	Ñ	Y	I
V	K	W	E	Y	O	K	A	I	V	A	H	F	O	U
N	T	L	S	F	H	D	T	K	A	D	B	Z	W	Q
G	Y	L	N	V	O	G	X	N	M	B	K	I	N	A
M	H	O	X	O	D	A	I	S	I	L	H	L	S	M
R	C	R	L	M	M	L	Z	M	I	C	A	Í	A	P

36

M	A	T	A	R	Á	S	N	B	E	Y	N	K	T	L
J	M	T	S	F	C	X	P	G	L	B	J	E	G	R
A	K	I	T	O	H	O	I	B	Y	B	S	L	S	J
O	R	L	L	D	T	P	D	E	N	T	G	A	C	Z
I	R	N	K	L	T	N	U	I	I	R	N	N	T	C
R	K	L	O	O	A	B	E	M	C	T	H	N	N	R
E	L	J	P	H	X	R	O	I	I	I	E	D	Q	I
T	N	F	S	V	B	N	E	F	M	G	A	G	Q	A
L	O	P	Á	C	I	Q	I	S	A	A	Y	R	R	D
U	M	R	R	O	P	C	M	M	L	Y	D	Z	Á	A
D	I	Ó	A	G	Ó	K	I	R	K	L	H	N	N	S
A	T	J	T	C	E	L	O	S	O	Y	H	H	A	L
M	P	I	R	H	T	T	R	D	L	H	W	L	D	M
F	É	M	U	C	A	Z	N	A	J	E	M	E	S	T
H	S	O	H	O	R	E	J	N	A	R	T	X	E	R

37

S B D D R L A G Y T Y L F Z S
L A Y Q T B Z A Í R E T N A C
M O Í M D P A X T D Z M F F M
F H T S I F L J V T Z Á V C T
P C L A O C Í Q L Q N F S A M
M O X T L J A H I C A M A R A
R I T W P B K Í A N A H C P E
O C C D D T A Í A L X X E I S
B E K R Q B A Ñ U S C M R N T
C I K T O D C S I N M G D T R
A D T S A Q E P W L N P O E O
T T C R N M D W K F E R T R S
N A G U A R D I A N E S E O N
T K Q F Z E D A R N O H C S Z
L W T H I L C Í A S T R L M X

38

V R Z P F Z S T S R G E Q R E
Z R X N R E B A N N K T V N L
R O R D G I J T Ó Q X I E R E
D T N U I E M I Y G T E N N V
N G R I V E C I R N T C E Z A
M O Y O V I Z A C X L A M M D
S M B D D N N M R I B P I O A
H H P N K O V V O A A X G D S
K R E P N J B D N S D S O N F
M B O F R E N D A S K E S A F
L T X D E S A M P A R A R M J
X F M V A T I B A H H L M E T
F Z M S A C R I F I C I O S H
K C P O B L A C I O N E S H N
F S A C A V D V Z T Z H P M Q

39

B L N O R E I C E M E R T S E
S G P B N K K N Y D H X E L L
O L C O N V I E R T A L N D A
I O S X V M K F R S A A C B N
B R V O L J L Y E I B Q A T M
A I G T D Z L N C A W M N T U
L A Z K P N I I N T A A C Z T
C N S M R F U E N L Q V Í R E
D O D U A Q L M C Z H A M Y N
A G R R B L Z N N M S R K B A
D J E A V L H C B I H G X Y Z
I S B N Z T I H B Q Z A H M A
N B Y N D Ó U M K X M T D F S
A L K M X M N P E P U E B L O
S K M M O A D A T I U Q Q L K

40

P T S E N O I C A N I U Q A M
L E V A N T A R S E Y T T L V
X L P N E N V D J V R R G W V
S R H N T L L C A N C I Ó N Á
A A W A S K R R Y L O N D V S
Z Z D D A X B H L I D E O D O
N X V N G C M T V Z S H T E R
A W Q U O Y I A R I E É G F I
G O J F B C R E G J B U L I P
N I G O A G S N L H D Q V E S
E B L R A D I E P O R O N N U
V O X P M O R C R M S V L D S
L R M A L D I C I Ó N N H E L
N P X N W C E T S I M I D E R
P O T N E I M I C E R U D N E

41

M K D E S C E N D E R Q A I W
M T L Y N H F W H Z T T Z M G
T A F A S O J E N N B C E F R
C L C N Y B R N K G Y J B D I
N W F L O M D O B R T M A S E
O V D I O R S V I G Q D C A G
R B P S L I I R H C I N P B O
E M A P D I E T S V I H L E S
I S R Ó G L S E I X M U L O D
T Y N E L W N T R A R V J S H
R J R A C O U P E N C K R J Q
A N V W I A K T N A K T N P Y
P K T C C J E G J J N T K B B
E K A J R Z P R W E P L A T A
R N F A R R E I T L M G P H J

42

R P S O L L I D U A C S Q R L
Z T R N H M A R C H A S T E M
G Q V G A B O T M E T O N T P
M M T L B Í C N D V G F O E U
R R E C P Á G L T R M N R M E
D A J B N Y A O D E B U A B R
J V N T A N A T C Y S I L L T
T A I L R R K G M S D R I A A
B C R Z Y R K B N M E T T R S
O D Q Q H K S A R A F Y S O L
J K M R U A J R R O R Q E N G
R I E S M E C A R N G O D P R
J R C G B W R C Q I R K B J X
M T A Y Q W Z O K B T C V É M
H R K C J B V W S A T N J J D

43

A L D A G Z U J O S N J N F T
N S A R B M E H Q R J P S F P
L C E C Y M P Z H F G K E R T
T L I M B E S T I A S V R U A
T L T E I V L N D X N J P C N
N L A R L L N Q B Z F S I T A
F T M R X O L E N H S E E I Ñ
X P Z W R K S A G E W L N F A
V L N K J E N Q V A T A T I M
P J Y N F E I A Q A M M E C N
B J Y R V H J T R X K I S A Ó
L R U E N Q T D M P L N H D R
T T U N K P E C E S V A J P A
O M K R D W N Q J V C R K D V
N Z T S E M E J A N Z A B G Y

44

B L G E T S I D I V I D R O N
S M J P T C D O T P T N R H M
T O W L R D E Z O K M D G K A
N X T J F R T S S K E C R L R
N C R U R Z O E C N F N O C A
Ó M T O T I B O A D L D E A V
I R M M R A L S X N T N Z N I
C A B O N U T C B A N I E A L
C J L Í M E T S A X X K R N L
I G A N H Q T F E D J M E E A
L S A X G K G N X V M E F O S
F Q N X R E E S O P R I S Q Q
A T T A I B R E B O S N E Ú X
C T M S A D N U F O R P N L A
T F B N Z K H O D Í A S J Q M

45

A R D L D J S E R O D A B O R
S N L D E J N V M N N Q B H J
A Ó T N S U L V Y O M Q P N M
P I I E P E Y O Z R J O S U É
S C M S O C X Z P A G J D Z L
A A N A J E Z W C R P J D K P
R R A R A S J P J O I K X R K
T E T B R P H N M D M M O T B
T N Q I O M A J D A L V Í R L
N E Y L N Í B A H N O M J A E
X G L K G B D A W C S Q X F N
S O G I M E N E A P N A R M K
D H L R R K Q R N L J A A T W
W F V E G V O W M K Í M M G T
A X H V A N C I A N O S N T D

46

N S J N Ó I C A M U S N O C C
S O I N D I G N A C I Ó N O K
A D M L F C X K N Z O V L O P
L I N T P X A W K L K L D A H
B J A O Z S Q R T L A K Z R N
E E H R C O A T M D Í A R Í N
I T U B E I V Z O E N B N B A
N E M E L R E S E E L I A C T
I R N L O A N K M L V O S N J
T T R L S S G A W E A A N F O
T N K I O R A L H N R T T R G
M E D N D E D B Q A K R R X D
Q M W O X V O W J Y N X L O F
V N Y L M D R O L T K L Q L F
R Z F J M A H A N G U S T I A

47

L M F R R P R E S C R I B I Ó
F S J I R K X K R D A H P S X
O S I G L Y S V M Z I K T O W
R A M U R I L A R N R T V T L
T L B Y Q Y S R Í D I K N N O
I M R O B A H T H R S Q Á E S
F A Q K R F L S E G A T J L N
I N D U R K Í N O O S C K A E
C A Y M I M Y Z R U S E A T I
A S M M B C Á Z H T C M M Z C
D A Y O H N I E D N L P W T N
A R L R D F N A O M X D H J I
L O F C F Y W R L O S E A S H
S K G G H T B E Z E Q U Í A S
M M S O R O S E T R S Z B Z C

48

S O T I D L A M G W D K O D J
R O R E J N A R T X E T E O Z
C O S K G H L V N F C V K R D
T O B O W L I L M A O R M E E
E N N A R U K N P R F O S L F
D A Z S D E L D A M T R O A R
N F L A U O C D J N B A P N A
U R T C H M O I E P X N O R U
B É N G R R I M H L L I R O D
A U M F W X I D R C Z F T J A
E H Y F N L Q L O W E A A X N
R M H P A L P B Q S F H R J D
B I E N A V E N T U R A D O S
O L Z R N O R E J A S N E M V
S W P U R I F I C A D O R Y F

49

L B F M U C H E D U M B R E W
A B A V L J U S T I C I A K B
D Z J L K E L X S K N T T X C
O M E C A L N O L O Ó N T C A
P Z P R T N D G R J I F O P M
I R S R E A Z Á U D C R X C I
N N U K M D C A D A A L B Z N
I X T R Q U N R S Z N D K V O
Ó D I N L E M E Ó Z I H R T S
N F R O N T N N M W M N J E M
A Q Í U P F Q F R G O R J Y V
G L P J A G R A D A B L E S Z
N M S S O T N E I M A S N E P
I Q E K C Q Q O H C E R E D H
Z N D I S P O S I C I O N E S

50

M I S E R I C O R D I A V N B
Y X Y N W C Á N T I C O S Á D
S H J M R I B R Y F T A A D U
A E X R S E H L X H M M R R T
L R H N A R N K S I L R C O I
V M X D U V R Q R A Z G N J T
A O C W G O J G W L B G B D L
C N T A A Y Á Y O C X R E V U
I I Y Y S L N N N G M R U P M
Ó T D Y M C D S M J R I F T D
N A Y M D A A T O A L Q Z N L
Z S N C S G L D M S L T K A X
T K G N Q K P O A M E N B K R
Y O D A T U L N E S L U N L G
N Ó I S E R P O L L M G H Y Z

51

R E B E L I O N E S D G C A K
S B U R L A R O N E M D A Z B
A A A R I P S U S B E S U N F
R X I Y L M P A F S J A T E P
U K M C C P P L O T I M I Ü L
G J A Q N A R U Y R L I V G A
R V Z R R I G E A B L R E R I
A Y C E U I V S M F A G R E R
M M C A T S O O G O S Á I V A
A I T N L L O H R T V L O H T
O R A X U Z W M S P G I G K U
V J L P P W A I R P B L D Q B
Y J O W P R O D K E X K T A I
L P N J G N D K A N H F N Q R
S A R U H C E R T S E Q N K T

52

D H M N Í N I V E Q T F L X C
A E Q S U N T U O S I D A D N
C N S Q M V L W G L T M Q Á K
V A O F J N C A C H O R R O S
S X V E A X S J R V T A H E A
A S T E L L A E H J R R N T D
Q A P V R C L H N U N O Z E A
U H P F O N T E S O R Z N N J
E C A B H L A E C G R P Y T A
A R L D F Y R S U I Q A P R M
D O O Y Z P Q M F X D L V A R
O T M N A M L F T M A O J Ñ T
R N A Y X X H X G T G R T A N
E A S Á R A R U A T S E R S V
S R S E L B A I C I D O C R M

53

G N K E N T R E G A D O X R P
C V Á T L A Ñ E S H V J R O E
O P N D Z T F G N Q R S F T R
D T T G R T N A M Z E G H N S
A Y T R R O K T M R M E V E E
R V L A R X J T A I R X H M G
R E M N P V S I V M L Ó K A U
E N N A Q O C R A M N I Y R I
T T L Q J N P N A K I K A U D
L A Y O U W O Ó M H L T C J O
Y N N L S X D F H A R I R R R
Z A E F V N N R F B V B P S E
M D H R F K N O D M V C M P S
Q Q T Z W Q W C N K L P C T K
Q U E D A D O J Ó C I R E J F

54

B C K L E V I T A S A P Z L P
H Z A L P D W R L I H S I M E
P A J R R A U L R M D E A R R
X H R M N D S I R E R J N S S
K F Z O A E S C D J Y R T A I
Z D R V D A R I U K P E A I A
A K E M P A C O M A H J T C S
C L G L V A N Z S N M A X I O
A W B E C E R R O S H T C D L
R N M I L R Q Q E K Q R F N E
Í F Ó M B N D M T B L A D U M
A N H W W L Y R X X O Q A M N
S E T O D R E C A S D G R N E
N A B A C I F I D E J K Í I R
S A C R I F I C A R O N O H Y

55

J	T	L	M	O	E	S	E	G	R	E	G	H	C	R
D	S	A	N	T	I	F	I	C	A	O	S	X	N	O
K	L	R	Z	R	I	T	F	Y	N	B	M	Á	N	F
R	Z	Q	N	R	N	O	X	F	R	F	D	E	O	I
N	M	L	M	C	X	W	E	K	D	R	T	L	E	C
D	Á	E	R	K	A	Z	B	V	O	N	H	E	S	I
I	S	T	D	K	A	N	W	J	E	C	T	T	U	A
R	K	M	E	K	C	O	A	I	C	H	W	N	B	L
E	D	F	O	R	R	T	S	N	N	J	R	E	E	E
C	L	F	Z	I	A	A	M	P	E	R	G	I	J	S
C	D	L	L	L	S	S	R	F	C	O	M	V	L	Q
I	M	L	G	M	M	É	M	N	M	L	D	I	T	R
Ó	A	G	N	O	R	A	S	O	P	E	R	V	G	X
N	V	R	T	M	A	R	A	V	I	L	L	A	S	N
N	T	N	D	C	A	M	P	A	M	E	N	T	O	R

56

H	M	É	P	K	N	L	T	M	O	R	A	M	O	S
J	M	T	V	C	R	R	Z	P	R	L	S	L	A	B
T	P	F	K	Ó	T	I	B	A	H	O	F	P	T	O
K	E	E	V	F	K	B	M	F	N	K	Z	K	S	S
M	L	J	N	G	H	N	E	A	Z	I	T	O	R	O
G	E	N	Ó	N	Q	X	I	G	M	C	R	L	M	R
R	E	D	M	Z	O	C	V	R	I	E	N	D	N	E
L	M	B	A	K	N	C	Y	L	L	P	W	L	Q	J
R	O	B	O	A	C	B	I	A	T	Q	T	G	Z	A
G	S	K	C	T	K	X	V	O	F	C	U	O	P	S
A	C	A	U	D	I	L	L	O	S	E	O	U	X	N
L	Y	T	D	T	M	K	K	L	R	O	E	B	V	E
A	G	R	L	J	R	T	R	R	M	B	S	M	A	M
A	L	P	F	F	N	H	A	Z	L	L	H	M	J	J
D	N	O	R	E	I	D	N	O	P	S	E	R	C	N

57

K	Q	P	C	X	H	R	J	S	Q	X	N	Q	T	B
J	N	E	L	C	R	P	É	Q	N	X	G	V	E	Y
Q	C	L	S	Q	A	P	W	S	R	O	S	E	M	W
D	Z	P	J	P	T	D	O	K	B	T	E	I	B	K
A	O	Q	R	I	Í	L	A	E	N	Y	N	N	L	G
J	M	K	M	O	E	R	R	S	Y	K	O	T	A	L
A	I	O	M	I	F	N	I	A	O	V	I	I	R	O
B	N	M	C	L	A	E	R	T	J	J	C	Ú	L	R
A	Á	L	N	D	R	E	T	K	U	V	A	N	R	I
R	T	T	O	M	R	J	N	A	R	R	N	P	L	A
T	B	R	P	T	R	L	E	B	A	B	O	R	O	Z
M	K	X	S	Z	E	S	F	U	É	R	Z	A	T	E
C	G	O	J	P	M	G	O	E	G	A	H	L	B	Q
R	P	R	P	R	I	M	E	R	A	K	R	K	T	N
H	B	T	B	N	Y	S	A	L	A	T	I	E	L	B

58

H	E	T	R	A	B	O	R	P	R	M	G	D	M	P
D	D	S	A	R	D	E	I	P	B	R	O	F	C	O
O	M	W	R	R	N	B	C	N	A	J	T	W	T	D
R	C	A	S	T	I	G	A	N	S	R	N	N	E	E
D	H	K	Y	L	V	D	A	O	I	M	E	V	T	S
E	P	J	S	W	K	D	Y	G	N	I	M	O	I	I
N	K	N	L	A	O	O	O	Y	M	F	A	D	E	E
O	W	C	L	S	R	Y	O	A	T	X	R	I	C	R
M	P	Q	E	R	K	E	D	L	N	G	U	T	A	T
R	H	J	A	B	T	N	U	T	I	T	J	S	Q	O
M	M	D	T	M	A	W	N	G	Y	V	K	E	V	T
F	Y	N	N	M	Z	D	N	N	I	J	O	V	D	L
K	E	R	B	M	A	H	A	M	J	H	N	S	T	R
Y	J	M	U	L	T	I	P	L	I	C	A	D	O	S
N	E	L	O	D	N	É	I	M	E	T	R	Y	Q	Q

59

C	O	L	L	A	D	O	M	R	V	N	N	Y	G	H
J	K	J	A	D	A	D	R	O	G	N	E	V	X	Q
F	F	M	F	L	I	B	R	A	R	É	K	E	N	A
S	Y	N	K	K	G	R	R	N	T	K	R	R	O	D
O	K	D	D	P	R	G	K	T	N	B	T	R	R	A
Ñ	O	U	R	E	H	S	E	K	M	H	P	A	A	R
A	V	R	A	K	M	N	A	O	G	A	X	R	T	B
B	E	E	T	Z	F	A	H	R	L	T	X	U	N	E
E	J	Z	M	E	I	J	N	A	E	S	T	S	E	U
R	A	A	R	O	L	T	B	D	A	I	N	O	C	Q
L	S	M	L	G	N	R	E	C	A	D	F	R	A	I
Q	A	B	V	L	A	T	O	F	R	R	B	G	P	N
L	G	R	K	N	Q	B	E	G	O	J	É	J	A	R
X	F	X	L	V	K	B	H	S	W	R	T	Y	N	E
S	E	R	O	T	S	A	P	R	K	J	P	Q	H	P

60

N	T	D	E	C	L	A	R	A	D	O	L	M	S	N
N	M	E	S	E	G	Q	Y	M	K	X	T	A	R	V
V	K	S	X	O	F	K	J	T	P	N	D	X	S	F
W	P	E	A	F	Í	K	M	E	J	I	Y	A	F	T
J	H	D	L	Í	Y	D	L	D	M	Y	C	U	W	S
X	Q	I	M	B	B	L	U	U	C	E	E	Q	E	T
J	E	F	D	Y	A	O	S	J	R	N	A	L	A	D
E	T	I	T	V	D	N	T	D	T	X	B	T	I	H
R	N	Q	T	L	O	R	O	E	Z	O	A	N	R	V
U	E	U	K	C	M	T	A	P	N	G	G	H	O	P
S	R	E	G	X	E	R	W	G	R	H	L	D	M	Q
A	R	M	D	S	N	W	G	Q	Ó	O	A	B	E	X
L	O	O	K	X	Z	J	M	L	Q	N	B	W	M	N
É	T	S	T	A	L	A	B	N	A	S	A	I	J	M
N	O	F	I	C	I	A	L	E	S	N	C	J	O	R

61

R M M A T R I M O N I O S L N
L E O D A T L A F M H G C C N
K T S D D L Z D N Ó I C N E M
P C R I C E V O Z E I P O R T
P F E L S X S Q R L N D W X B
R L C I R T K T N A H G W Y X
O Z O G S V I R R R D Á Y R M
N A N E O M R R Y U V R O L K
T I O N N X P Q E O I D A N J
A C C C A R Z S H K A D K U J
M N E I I Z P E P Z P P A Z G
E E D A C I J M N F J F B S G
N R H Y N D T A J U E C E S R
T E F A A Y V C O R A Z Ó N L
E H S N K A H N A C I O N E S

62

A R N T M O A B I T A S T U R
R T B T N M C E L E M I L E T
U Z N G H T K N X N X L N D M
G M L Ó C O M E N Z A R O N G
R D C T I C M Y X R J N D K W
A X F U F C R Z S R D B E L O
M R N K Ñ N A O W E K S S R R
A A T O N A D R Q J E G A K F
T R L É R I D U A R M Q M Z A
W G L M R A I A E P U B P N N
X E M A N E R I W E E R A D Ó
B U M R R O V O L W R S R W L
V S K A T I E I L V K R A Z H
T C L H V P Ó M G L H K D G A
L C Y L F N F Y Í R G P A W M

63

M R F A A S A I C N A N A G T
P A K D D L P R E C I O S A S
S S M A A E E Y E M L K K R Y
A O E B R S P N L D T H G P C
S U N A U F A X G B A F D P L
A T E L T U D R H A A C S H A
P R S A N E P K U M Ñ O R I N
E I T J E R Z Ú I D I O C E R
R V E W V Z R L R C I N S U M
B T R M A A I J O P E T E A Z
O F O R N A N G H M U C S K P
S K S V E V E N E J A R W E G
M M O K I N W L R B N R A M V
J Q W M B T C L Q B A Ñ I V N
X P P H C R I A D A S R L V W

64

R A Í R U D I B A S Z W G D S
G Z Q K F L H C I E L O S T E
E O N E L L H F P F K Q E R N
J L S N P N D V C C G R C E C
A U O S R A Ó E B N R R N D I
U C B E E R C D S O M O N E L
G Á E Ñ C B Y R R E D Z C N L
N N R O E M X E P A A N N T O
E R B R P U S O T Z L B T O T
L E I E T L M S W P D A L R Y
T B A E O A E K H T V R G E X
B A S N L N W K T D V L J K S
M T N Á O O T N E M A M R I F
J M T M H L P O M E R T X E R
M R A M E D I T A C I Ó N F T

65

W N X P P K C H K L Q Q G Z F
V Ó N O R E I L O D N O C A L
J I M N S J Y U N T A S T T V
C C Z I M N O M N I W I R T F
N C A A Y H L B C D T Z E C C
N I M Z F T C N F A D O R N A
Ó L H B M I E A M H L F T V R
I F J K C R L A M M W A S S N
C A G H E Y A E Z E R R O Q E
A K W H R N D T Z R L R P T R
R M K B I L D A D T R L H R O
E A T I N A M E T E V H O W S
N V J E M I M A C R X B X S T
E A I I H U S E T K P Q T K V
G W R G M L B Y X M Z N V Z V

66

H N Ó I C R O P X R N J E C N
X M Y L A G L I G O M L C O Y
N R R B T M M L R H I L R N R
O M C Y Y V Z A N S K A Y O J
D A P L Y H C L E L N V T R J
N N S M A S O O V U Q O V A N
A T P A U M C D T L R T M C O
L O E B T N A R A B N X W R R
B J L J L E O B E E T N I E E
A H Í T O P F L A K P L M C I
H L A T M R L O R J L L F A N
M X S I P I D Q R A T M O T I
F L L F N L J Á V P T L H G V
Y N Y O M F C I N C U E N T A
T C J E R I C Ó X W B T Q X J

67

F	V	O	X	T	M	O	N	T	A	R	E	M	O	S
L	L	X	L	T	Y	H	V	L	G	M	G	R	R	K
Á	D	O	B	I	M	W	N	O	P	R	L	X	E	N
R	Á	P	R	N	V	Q	R	N	A	V	O	Q	B	N
A	R	V	G	E	G	O	O	A	L	D	R	X	E	X
M	A	L	O	T	C	I	R	B	A	M	I	N	L	O
U	Z	Q	M	H	R	E	Í	Í	B	T	A	B	I	L
F	N	D	L	I	E	D	R	L	R	V	Y	R	Ó	K
R	A	K	S	Q	O	J	K	Á	A	B	I	K	N	T
E	C	A	C	L	N	K	Q	M	S	L	M	R	P	T
P	L	M	O	N	L	F	K	K	C	A	E	R	Á	N
R	A	S	V	I	V	I	F	I	C	A	D	O	S	J
N	D	A	D	I	U	Q	I	N	I	L	L	J	T	B
N	Z	R	L	B	L	M	P	R	U	D	E	N	T	E
O	F	R	E	C	E	R	E	M	O	S	X	Y	K	Y

68

R	C	Z	P	W	V	N	B	N	Z	N	K	N	R	G
O	L	W	R	Ó	P	A	R	V	A	I	M	N	M	E
M	E	L	Y	C	R	F	V	S	Z	Z	B	V	Q	S
S	M	S	Q	R	R	T	E	W	N	V	Q	M	M	C
L	O	T	U	T	W	L	I	Á	N	S	U	S	N	U
C	H	L	N	B	E	V	N	C	A	S	E	O	K	L
N	O	X	C	T	E	R	R	L	O	E	R	T	D	P
K	Z	D	I	I	O	J	O	G	F	L	U	N	U	I
N	K	P	O	S	S	M	R	G	H	A	B	E	T	Ó
V	A	D	A	S	Ó	A	P	C	L	R	I	S	I	P
C	L	G	T	N	N	X	C	N	Y	B	N	O	G	N
B	I	Z	M	A	K	Q	T	K	H	M	E	P	N	X
V	P	N	D	N	Í	U	Q	A	J	U	S	A	O	F
W	Y	A	L	O	I	R	A	U	T	N	A	S	L	K
V	S	H	F	C	I	M	I	E	N	T	O	S	P	J

69

X	L	M	L	R	N	P	F	G	M	Q	B	Q	P	L
A	P	R	V	B	G	L	O	R	I	F	I	C	A	R
P	Z	E	T	S	A	L	E	V	E	R	T	R	F	O
M	U	E	C	O	N	S	T	I	T	U	I	D	O	D
A	C	E	D	E	M	R	I	F	L	C	F	O	E	I
R	N	O	B	N	R	K	J	J	E	K	N	X	S	C
A	O	B	R	L	A	H	B	D	Q	A	C	C	E	E
V	T	N	G	A	O	R	N	T	J	E	J	Y	I	D
I	O	D	B	L	Z	E	G	E	L	R	B	J	M	N
L	R	A	J	Y	B	Ó	L	E	B	I	K	Q	I	A
L	I	V	Q	M	J	M	N	L	M	D	L	N	D	R
A	A	I	N	G	X	T	Q	W	G	A	Y	B	E	G
S	S	D	F	M	E	N	K	L	R	Ñ	B	H	R	N
P	E	R	M	A	N	E	Z	C	A	A	N	L	W	E
L	G	H	L	N	W	L	M	M	O	T	I	V	O	M

70

Y	L	D	E	R	R	E	D	O	R	G	T	N	M	T
D	O	E	M	P	S	E	N	O	D	N	E	T	W	M
L	D	X	L	V	C	M	J	P	D	M	V	C	M	T
D	A	R	V	L	D	B	J	M	W	Q	M	V	E	P
M	D	N	Z	T	A	Q	Y	A	C	M	G	N	R	R
E	N	Y	Q	L	V	V	M	C	P	E	R	S	R	O
S	A	K	R	P	K	N	N	Q	X	A	B	O	L	F
P	M	X	R	N	I	Á	N	T	C	S	G	T	M	E
Í	N	K	Q	G	R	E	R	O	E	B	V	N	Y	T
R	W	R	W	I	E	E	S	C	R	F	K	E	R	I
I	C	N	V	Y	M	N	O	L	B	A	O	I	K	Z
T	F	I	K	O	K	S	T	R	L	N	T	V	R	A
U	V	N	N	C	N	T	H	R	A	J	T	N	K	B
G	M	U	E	R	T	O	S	M	A	D	F	N	U	A
S	O	S	E	U	H	L	P	K	D	R	L	L	K	J

71

L	H	V	O	L	U	N	T	A	R	I	A	L	M	D
T	C	Q	X	B	T	Q	R	L	G	S	K	L	R	S
B	R	O	N	C	E	T	M	T	A	K	S	A	F	O
R	A	Z	A	E	L	E	V	Í	R	O	C	S	N	L
Z	V	M	C	C	T	R	B	B	T	M	Á	P	F	D
C	N	L	E	N	O	A	K	N	A	T	Y	C	N	A
O	J	P	N	R	S	N	E	S	R	J	T	Y	O	D
N	Q	L	Q	A	E	S	S	A	L	R	A	R	A	R
S	K	T	H	R	O	M	P	A	X	B	V	C	D	A
E	B	M	X	P	L	A	O	S	G	L	A	Z	Í	U
J	T	B	A	G	S	Y	R	T	E	R	H	M	A	G
E	J	O	Z	A	B	A	D	P	C	E	A	Q	S	Y
R	V	S	O	T	N	E	L	A	T	J	N	D	K	Z
O	K	D	N	Ó	I	C	A	I	P	X	E	I	O	T
S	E	R	E	B	Í	A	S	N	T	B	M	X	F	S

72

O	Q	Q	W	X	N	M	V	D	F	S	T	S	K	K
S	G	T	F	L	H	K	B	X	A	D	O	E	S	K
V	A	I	D	A	R	Í	O	D	G	P	B	T	A	Q
E	M	L	R	B	G	B	A	O	L	W	N	I	T	N
I	E	W	A	T	V	N	M	O	E	C	G	E	I	L
N	N	G	F	T	O	D	R	L	G	G	A	C	S	T
T	C	X	K	S	I	K	E	O	P	R	A	A	F	W
I	E	N	E	Y	T	E	B	S	E	N	J	H	E	Q
C	R	T	J	Q	J	E	L	D	I	H	N	D	C	C
U	R	B	Y	V	R	M	A	R	R	E	I	T	H	A
A	Á	G	V	N	N	M	M	T	P	V	R	W	O	D
T	I	G	A	R	A	T	I	B	A	H	B	T	S	A
R	S	D	T	L	P	G	M	L	P	Z	C	D	A	S
O	O	N	R	E	E	D	I	F	I	C	A	D	R	O
R	M	T	R	A	B	A	J	A	R	O	N	P	G	J

73

Z P V T V A R U D A V E L T L
S O L R A C I F I T N A S F N
T M C A N A S T I L L O H M O
Ú M V C T D R Y B C X E J L M
N R Ó V R I V Q Z S F H U L B
I K I X Y A A N D O É C M N R
C W C T B D L R D E Á S T K K
A N O U Q E T B A N R Ó I X D
S M R M G M K L R S T R D O Y
B N M I L A Q E U S R X A K M
D Ó L M T Q B R U M W W Z M K
X R P T R A I J F L K L Y J Ó
G A H H T M A C M U N C I Ó N
N A C O N G R E G A C I Ó N Z
L M H X N S A R U D I T S E V

74

N W L L A N G O S T A S T M V
Ó X N N A R U T A T S E N D R
I G Q N M S O D Y V E U G E N
S D K Z N E E T K M V K Z S T
E J T Y S S M T O M L V V A T
S R Q U I T B R N L N N Q D L
O M B E L L A C J A R B W A F
P E R N R D R E N J G B Y C L
J T G G O A R L M Á W I Z I C
O N V R R T L A E Z R C G F A
F J E E X C W M R C A A T I N
T S B V M T A A M N H G P T A
F I F M I P C L A C D E T R N
R C A D E S W W E X Q R F O E
C W V F L Q L C C B Y F P F O

75

Z C A L A B A C E R A D B S T
K R A T S E L A M J I M E Y M
Z K M L A R W M X S T T O M D
P Z V P R D M H C R N N N R W
N Z L D C P A E G E L H A R R
J O N Á S L R M I Z Z D S D Q
R C S R Z N E P A O F A U D P
S V E K I E E M T R D X G E I
I K L R S R T N E R N H B S A
S N A L R O E N E N L E O M D
R L M A V I L I E Z T M M A O
A G I T V L U A N I B E Z Y S
T K N N T Q T L N R R M N A O
X G A C Z N K F A O B O Y B F
K T Z I N E T R A J O N E A T

76

R D D M A N D A M I E N T O S
H B N Á R A S O B E R K T D T
J V C O M P A R A R G R E V A
S A L E B Í R C S E Q L R H I
A C O I R E G I R F E R P S C
I Z O R V X M Z D I X R E P N
C R R R K P K E T M U N A V E
N I A W R C T O D D E R L C G
A Q V I R E S M E I U R O V I
D U E C C O C N B G C B P Z L
N E R U S N C C R X T I I W E
U Z E E F I A A I T G T N G T
B A D L A L L N B Ó T N I A N
A S A L V T W V A Z N L Ó K I
B M S O D J R T T G M K N K T

77

H X B E N D I T O C B X T Z G
E C J Q L C R D A S W N B X R
S K Y N P A N M E Z T C P R F
C M R K S E E N S T Ó Z O N G
U V N U I L E L A M I Z T N V
A M R B L V H B N T C N I T J
D Ó E O Ó R M D I J E M N N N
R B S J L L X H U T T C É P O
O P A Y W M B W Q H N A G A R
N V T D Y K D U S C O L O C A
E F E M A M N T E P C D M I M
S P M J M P L Y F Y A E I E O
S O E B A S S D G J E O R N T
M A N T O S M E Q Q T S P D M
T B L B T O D N E I M O C O P

78

R V N N M C A U T I V E R I O
A M N R Q L O L K W M Á K D C
V R O C M M O A B M R P V E L
I H R N E M S G L A T R W S K
S K E O F R N O D T E A F H N
I M I R M G E E D M G D T O Ó
T V C V W O R T A O Q E P N L
A C E Y X E G N E Z M R N R A
R O D J H Z E C D O T A W A C
Á R N T Z N R O P M S S R R S
M R A H T Ó D V R M K Y W O A
P A R E N S Z T V Q L T N N N
Z L G W A S O E T S I L I F F
L E N N D L S A G I T R O K P
Z S E B L O I R O T I R R E T

79

Y G X T M N N R N M B T R Y Z
R L D E R A P K R A A S N A G
B E N O J Ó G L L N Z D L A K
C D R N Q R Q A Ó D P L D R S
P C Q H E G C N C P D U L M O
T O I N T S R Z P M N L E D D
X C N A K A P B O S F J G J A
Z N C I Z K C A E L A R N R I
Y N L Q M O B D D K L Ñ Á R R
B N I T C A T W B A G V I J C
A V N W K F C A F T M X W V N
L Y Ó T W G K R R Z K H P Q B
A G J G B O D A G L A B A C R
A R E V E R E N C I A K T W T
M T G P R Í N C I P E S T F Y

80

R S E R E Z P K M O O R K G V
M E V M R E T S E T C Z N É G
N J I N N V F U N B C N M R C
L L G N P H Q E K O D C C A C
L D M G A O S D N A G O G R R
P M V B D O Z V Q C T N Y A E
A W N R P Z I N N R X C N P F
L K A A C D B Ó T O T E Y E R
A M L N A E I R O H L D T R E
C X R D M C T R Q D P E T P N
I B O P I N V R R B A R J R Ó
O Q L T C Á H L O T O R G A R
P K E K Q M L B M N P C N Z P
R P B W L A R Y O W K K L O Q
N K D B A N Q U E T E X M H H

81

N K N E T N E C O N I X T E R
B Z T R V N I J Y F K L W P F
S S E S O M A C Z E R E P O Q
H O Á M D A T S E P M E T J Z
C M B N B K I Z K D D J B M C
M O D R O R M C L A M A R O N
D R M D E J A P K T Y N Q S V
J D X P L M K V A T H X O K Ó
P O T J A M A R E E K R L T C
M R P W L S S N B C E L E B M
T M A L B I I R E N I I Y R G
L I S J S M E Ó I R U E C R F
H L A Y J O N R N Q A L N M K
F Ó J N O R A J A B A R T D V
R N E R L M L C N Í N I V E O

82

T K B R I N C A N D O L N K B
C T C Q M I N V I E R N O V G
N Y S A O B K T S F F L C Y M
A X E H N L S M T E O E J M R
S M D K T C B A T R R C M L J
O M I K E R I W N V W O Z K C
M C V J S R J Ó A A Z L L O D
R E M N B R G T N O T G D F M
E L J D L Z I W V A X N N N H
H O P K R L J G R B A Y E M C
C S O L L N U E W B M R J V Y
R Í D O N L U V S N Q M W K Q
Y A A G C G Y I I E N R E I C
R S M D I T T P T A D X D K C
R T A H F A A L O T R Ó T J Y

83

L P B A I C N E G I L E T N I
X A C O E B N J N H R E M Z H
G R K T T M R F X B T B G M G
J E S C E L T M K S B F P A L
V N A A U R K R I E W J B D J
R T L P Q M M D A D G A G R B
E E O R N Z E R I G Ó I F K Z
S S M Z A P B V I N Z H P K N
T C Ó P B L A B M Q K U Q T L
A O N K T D S O Ñ E U S J R O
T X T R K D T C P Q W E L N Y
U F O T R A N R E B O G Z N T
T N N Z A B A C I F I R C A S
O P L T G D I S C E R N I R S
S V J Y B Q R E C T I T U D G

84

K D C O N F I R M A C I Ó N K
N T Q X B D G M T F L W J Q D
M M Q N P A R I E N T E Z U E
W D R N Y H O G E V Y O Í E S
N Z E R P T R L K R O M W L C
T Ó Q C A O I V Z B E S P I E
A V L P L M S T P O X O S Ó N
T R A H E Á A E N D R N O N D
I Z M L A P R T S A W A G J E
B W E Z G M L A Q I B I I L N
A C Q L G L T U M X Ó C T R C
O P M K C Q E L N E K N S R I
M M R L Z L M K L R L A E M A
D D A D E R E H B K Q O T Z K
N N Ó I C N E D E R X N K C M

85

D	A	D	N	A	T	R	O	M	F	M	R	Z	A	P
M	I	S	E	R	I	C	O	R	D	I	A	Z	X	M
B	P	X	M	V	B	R	I	L	L	A	N	T	E	S
N	L	A	Q	N	I	T	J	L	D	A	K	R	N	V
Z	C	S	R	C	G	C	W	H	B	N	O	C	Ó	T
P	U	D	O	Á	A	W	T	A	C	D	L	A	I	H
R	C	M	W	N	N	B	L	O	N	N	N	R	C	G
O	A	Z	N	N	R	A	A	A	R	Á	Z	B	A	K
F	B	H	C	L	O	E	L	L	I	I	J	O	D	L
E	A	N	X	C	M	P	T	D	L	K	A	N	N	V
T	H	F	U	T	S	F	A	E	G	O	H	E	U	K
A	R	S	E	E	I	M	Y	R	T	P	S	S	N	F
R	Á	M	R	F	B	V	M	K	H	Z	N	K	I	X
N	Á	R	K	L	A	F	R	C	Z	L	R	K	P	N
N	R	J	S	O	D	A	Z	U	N	E	M	S	E	D

86

K	J	Q	S	E	T	O	D	R	E	C	A	S	B	Z
E	N	M	E	L	O	S	G	W	W	A	N	Q	M	L
B	E	E	R	S	E	B	A	T	I	D	M	N	K	L
L	N	O	R	A	N	I	M	R	E	T	E	D	Y	A
S	R	R	L	R	L	Z	I	N	X	S	T	R	R	L
E	L	M	A	N	A	S	É	S	A	W	D	U	Z	P
R	J	P	J	H	A	F	H	N	P	E	D	Z	C	A
A	S	G	C	B	H	T	T	M	S	A	K	A	E	S
T	A	R	P	D	U	U	R	O	V	P	H	B	L	C
L	Í	N	W	A	A	R	L	E	R	M	X	U	E	U
A	U	Z	Í	R	N	A	L	E	J	M	B	L	B	A
J	Q	J	I	A	C	E	G	A	T	Q	R	Ó	R	K
H	E	O	N	I	R	Ó	S	C	B	N	N	N	A	B
G	Z	N	Ó	T	N	F	Y	R	H	A	M	T	D	H
X	E	N	Z	P	M	G	E	W	M	X	N	L	O	V

87

Á	C	P	C	W	O	D	P	Z	V	N	R	I	F	M
K	V	C	W	O	Z	R	F	M	T	M	L	W	S	C
C	Z	O	T	T	R	A	A	T	Y	U	F	E	T	F
R	M	V	H	E	Z	R	H	C	S	B	R	D	M	P
N	T	K	R	E	M	L	I	O	I	A	H	E	D	C
Ó	X	R	B	G	J	P	R	E	M	Ó	P	S	L	B
I	H	A	T	Z	V	I	L	K	N	F	N	F	A	K
C	C	Z	Q	B	A	Y	N	O	R	T	V	A	I	P
A	P	Z	C	S	H	J	N	K	V	R	E	L	T	L
V	E	Z	C	I	M	I	E	N	T	O	S	L	S	N
L	Z	N	P	R	O	M	E	T	Í	S	Q	E	U	M
A	P	R	O	F	U	N	D	O	X	Á	H	C	G	T
S	É	U	Q	O	V	N	I	M	C	N	N	Í	N	N
S	E	P	U	L	T	U	R	A	Q	O	Y	A	A	B
H	V	N	O	N	D	A	S	Y	K	J	B	N	G	L

88

N	D	V	I	S	I	T	E	S	S	P	E	J	K	M
T	C	P	K	Q	M	X	F	E	M	S	K	C	Y	R
T	O	W	T	T	F	L	Ñ	A	T	M	B	L	P	H
S	R	M	T	N	O	O	Z	R	R	F	L	Q	R	X
E	O	O	G	L	R	V	E	O	B	R	A	S	O	M
L	N	R	S	E	F	L	E	L	N	L	E	S	V	P
E	A	M	A	O	L	R	R	J	M	N	A	I	I	E
G	S	R	C	A	I	D	J	M	A	I	P	S	T	C
N	T	N	S	I	K	R	Y	D	T	S	O	A	A	E
Á	E	Y	D	R	E	N	O	S	Z	Ñ	R	I	G	S
B	U	E	Y	E	S	L	E	L	I	X	T	R	N	H
C	K	R	Y	R	Z	B	O	N	G	Y	P	O	E	J
E	T	S	A	D	N	U	F	S	V	N	N	M	V	V
T	M	J	L	P	Z	Z	J	X	J	N	Q	E	P	M
K	S	O	R	E	D	N	E	S	B	Z	T	M	J	N

89

M	M	U	E	S	T	R	E	S	H	Y	C	L	J	M
F	L	A	R	U	D	I	D	N	E	H	R	O	Q	W
A	N	J	É	K	T	D	M	G	A	H	H	J	K	J
I	V	E	R	W	T	B	E	R	M	M	K	O	N	S
D	S	S	A	N	N	Á	R	S	D	M	G	S	É	N
R	O	P	M	X	O	E	V	P	C	E	M	S	L	T
O	D	A	A	O	I	M	E	O	T	A	I	T	Y	Y
C	A	L	L	T	L	Ñ	B	N	H	O	N	X	R	Q
I	T	D	C	T	A	B	E	R	M	E	G	S	V	P
R	R	A	O	F	N	M	E	J	E	R	J	F	O	J
E	A	S	R	Z	E	J	T	U	A	M	R	G	V	B
S	P	D	P	L	X	L	P	C	P	C	F	Y	M	X
I	A	N	C	J	P	A	I	C	N	E	S	E	R	P
M	K	T	B	R	C	A	D	T	T	D	K	N	R	C
T	R	D	E	C	L	A	R	A	D	O	M	M	P	X

90

M	H	N	E	T	E	I	S	I	C	E	I	D	M	Z
A	R	C	M	K	H	M	I	D	A	R	C	A	N	S
C	N	Q	L	K	N	F	P	L	S	D	F	O	C	E
H	H	E	M	B	R	A	Z	E	T	X	C	Q	O	I
O	R	J	Q	T	R	C	T	L	B	H	L	N	N	S
M	J	X	M	E	N	N	M	W	E	M	S	Ó	S	C
C	B	E	J	M	E	C	S	S	C	D	A	I	E	I
F	A	A	H	U	K	E	D	U	Z	K	U	C	R	E
O	S	T	F	O	L	N	A	C	M	E	G	A	V	N
R	I	L	A	A	V	R	C	W	D	I	A	R	A	T
R	W	V	M	R	E	Á	Q	X	X	C	V	E	R	O
K	Y	I	U	N	A	R	Q	M	N	E	Q	N	Q	S
H	N	T	T	L	R	T	C	J	B	P	L	E	K	F
A	N	A	Y	K	I	V	A	H	T	S	F	G	N	C
M	H	M	É	O	N	D	T	S	W	E	K	W	C	F

91

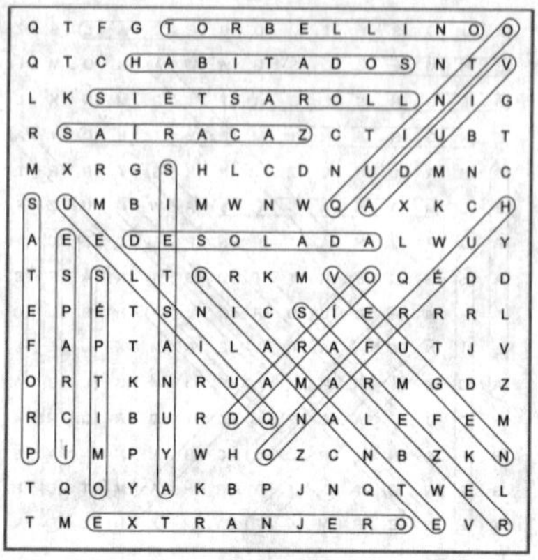

92

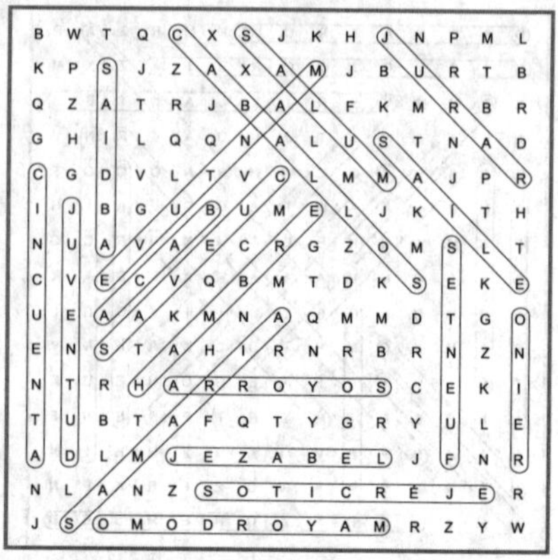

93

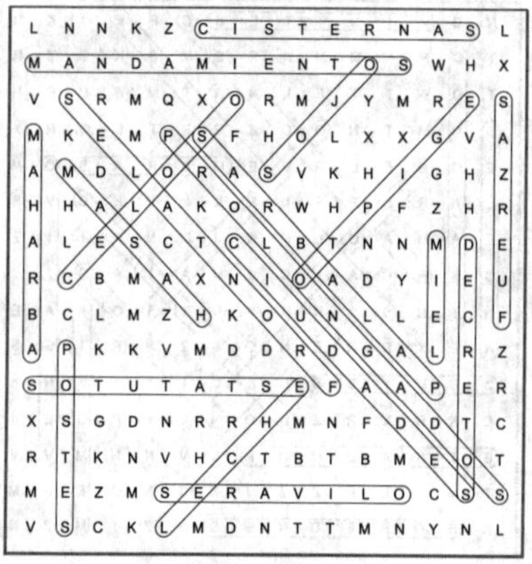

94

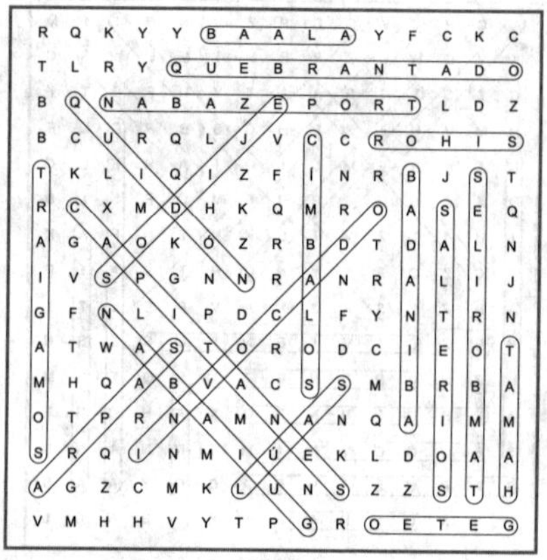

95

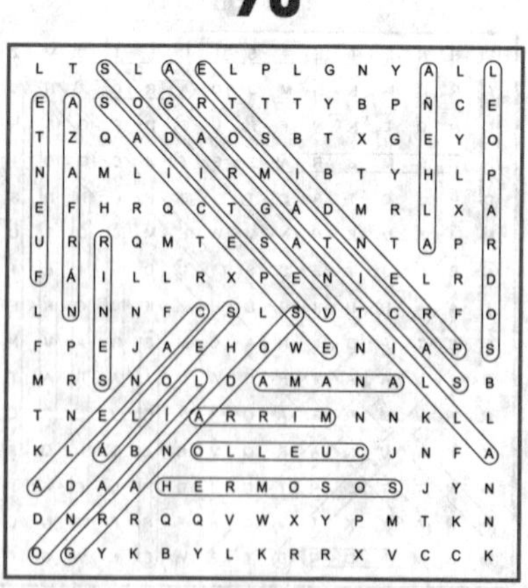

96

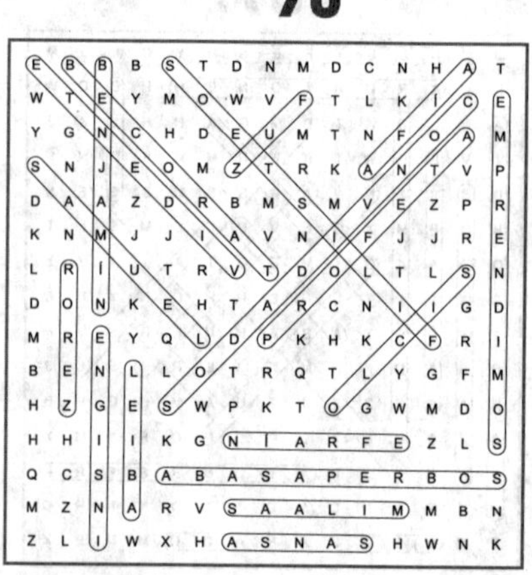

97

M	K	H	Z	J	Q	T	K	C	R	I	B	A	O	R
Y	J	P	C	E	T	N	E	I	M	I	S	I	H	S
S	N	S	H	H	D	Q	B	K	L	C	R	U	E	W
E	O	D	A	C	O	V	N	I	W	E	E	N	T	H
G	R	P	B	V	D	Z	F	N	V	R	O	A	É	W
A	R	K	I	L	U	M	G	I	T	I	S	E	R	X
D	R	J	T	N	B	C	T	O	C	Z	O	D	A	W
O	M	Z	A	K	E	U	S	A	M	L	D	N	T	Z
R	Q	C	R	R	A	D	N	M	D	R	A	A	N	N
X	K	K	Á	C	U	J	O	R	Z	K	C	R	A	R
B	N	F	N	K	S	I	L	M	Z	H	N	A	V	S
P	O	P	P	E	X	Y	N	C	Y	M	A	Z	E	A
X	M	C	Ñ	D	P	I	S	A	D	O	R	M	L	Ñ
P	L	O	A	R	K	F	N	L	S	R	R	W	X	I
K	R	L	B	J	J	V	G	J	R	L	A	M	J	V

98

O	D	I	C	A	N	M	L	M	E	F	F	R	F	Y
T	D	Z	V	R	D	T	Y	L	C	N	L	M	T	N
P	E	E	M	F	J	A	I	O	Ó	T	A	W	K	L
L	S	W	L	Q	J	E	M	I	D	Y	H	N	N	A
P	C	S	Q	O	Z	E	S	A	O	U	Ó	R	Y	R
N	E	A	K	E	R	I	H	R	S	D	C	P	J	E
K	N	L	R	M	V	P	D	O	R	C	T	S	R	N
J	D	L	N	X	P	O	L	A	V	F	E	P	E	A
U	E	E	Z	R	M	E	L	Y	H	Á	F	N	V	M
S	N	R	Y	O	I	A	L	M	V	X	G	K	O	E
T	C	T	R	C	G	O	V	A	L	C	S	E	T	R
I	I	S	B	J	B	B	T	R	L	H	G	R	H	B
C	A	E	V	G	L	M	Z	B	W	G	J	T	Z	O
I	N	G	V	C	O	N	T	A	D	O	Y	X	T	S
A	L	R	M	H	E	R	E	D	E	R	O	P	R	N

99

T	Z	G	N	C	P	R	O	V	I	N	C	I	A	S
Q	M	R	K	A	O	H	K	L	W	B	W	N	Q	N
M	S	X	D	P	E	F	X	A	S	U	S	G	J	K
A	E	H	Y	I	U	M	L	L	O	R	A	N	D	O
Z	T	T	T	T	G	F	A	B	A	S	U	E	R	O
R	N	A	V	A	A	T	D	R	S	N	C	V	L	H
M	E	P	D	N	G	T	Y	O	D	E	T	S	K	T
O	D	A	R	E	A	C	Í	J	T	O	Á	G	F	P
N	E	I	H	S	M	D	A	R	K	T	Q	O	M	R
T	C	D	D	R	U	A	O	B	R	D	L	U	N	A
A	O	N	Z	J	F	B	H	A	A	L	X	R	E	C
D	R	I	Y	L	L	C	P	R	I	L	L	Y	J	O
O	P	N	L	N	L	A	X	N	P	K	L	H	K	V
S	D	M	T	B	S	R	A	B	X	V	Q	O	P	E
T	V	L	K	O	M	I	C	É	D	O	U	D	S	R

100

H	L	P	A	D	A	P	S	E	N	L	V	P	L	R
Z	D	M	N	R	D	Y	É	K	M	M	H	E	H	G
A	C	F	T	E	E	K	M	R	F	Y	A	R	E	Q
C	M	M	K	M	S	K	D	Y	A	R	Q	T	L	D
A	R	N	E	O	T	T	L	R	S	R	N	D	I	H
F	M	D	J	G	E	X	B	I	J	E	B	B	V	M
L	I	R	O	S	T	L	K	E	I	X	L	E	Q	C
R	R	T	T	D	A	H	J	V	E	A	Y	D	U	Z
Z	J	P	A	Z	D	Í	I	E	I	R	T	G	A	Q
M	G	K	M	M	O	V	U	M	Z	V	I	N	D	S
T	B	A	T	A	L	L	A	Q	K	R	E	X	N	A
J	P	W	S	A	E	S	O	J	E	R	E	Q	Q	Í
Y	M	D	C	V	Z	L	T	T	A	Z	M	E	Q	Z
K	Q	K	F	D	P	B	W	R	R	K	E	D	L	U
T	C	X	C	L	K	L	J	E	R	O	B	O	A	M

101

L	P	Z	K	B	A	B	I	L	O	N	I	A	Q	W
T	O	J	H	C	C	H	A	R	I	M	I	D	E	R
E	D	Y	Z	L	A	P	M	C	M	H	X	D	L	W
T	E	E	V	M	G	B	D	R	Á	X	N	D	S	P
N	R	T	X	C	C	V	E	R	C	M	Y	E	G	B
E	O	N	G	J	L	M	A	C	H	M	N	S	L	O
N	S	E	M	Z	O	G	O	E	E	O	K	C	L	C
A	A	R	R	A	Z	N	J	N	D	R	Q	A	E	A
M	S	D	W	U	R	É	I	A	T	K	A	R	K	J
E	P	E	J	E	R	E	Z	E	C	E	R	R	X	C
R	R	M	B	C	N	A	U	W	R	O	K	I	N	G
N	L	A	I	Y	M	K	L	G	T	J	L	A	C	M
R	Ñ	T	L	A	N	Z	A	S	I	P	W	D	G	F
O	O	N	K	T	Q	T	K	N	V	H	K	A	V	T
S	R	M	M	X	M	A	Z	E	L	A	T	R	O	F

102

M	Ó	I	U	G	I	S	R	E	P	Y	V	K	M	S
C	C	Y	L	M	P	C	C	N	H	B	L	D	M	E
M	E	O	D	A	T	R	O	P	S	N	A	R	T	R
O	Y	R	Y	B	O	T	N	M	K	N	N	B	Y	O
R	Y	L	R	N	V	É	W	D	M	O	D	E	X	D
A	T	M	K	O	V	K	H	O	J	V	X	K	H	A
D	D	P	N	A	J	Q	J	D	B	O	S	R	A	N
O	A	J	T	M	S	O	N	S	B	P	B	C	W	R
R	M	T	V	D	D	O	S	A	A	R	T	H	K	E
E	A	B	K	D	A	V	L	L	K	B	K	L	T	B
S	S	N	G	N	F	A	A	L	C	G	E	I	H	O
G	C	J	Á	R	M	C	L	N	I	A	Y	W	R	G
Y	O	Y	K	M	I	L	X	A	Z	R	B	R	V	L
H	F	T	D	O	E	N	M	A	G	N	T	H	P	M
W	B	M	S	B	H	T	H	E	R	M	A	N	O	S

103

W	N	Ó	I	C	A	V	L	A	S	N	H	T	C	J
Q	N	P	N	O	R	E	Y	A	C	E	D	N	D	K
L	O	S	L	L	I	M	T	O	L	T	O	X	A	S
L	T	I	J	H	L	D	Q	D	G	I	H	Y	D	A
C	N	L	T	W	Q	R	V	P	C	U	Y	M	I	I
O	E	E	É	N	M	M	T	C	C	B	Y	L	L	D
N	I	N	P	R	G	A	I	L	Z	Y	Y	M	E	R
S	M	C	R	J	A	L	Ñ	T	D	P	T	C	D	O
U	I	I	L	C	F	R	K	A	O	T	O	M	I	C
M	T	O	C	A	L	Z	E	R	N	R	W	E	F	I
I	A	N	G	G	B	B	C	P	A	A	Q	M	M	R
D	B	X	L	R	G	I	U	Z	S	C	K	O	J	E
O	A	L	M	A	Ó	J	Ó	E	C	E	D	R	W	S
S	N	R	K	N	P	N	N	R	N	H	L	I	Z	I
J	U	V	E	N	T	U	D	Q	C	O	J	A	R	M

104

P	H	Z	T	U	T	E	N	S	I	L	I	O	S	P
R	G	J	R	F	O	B	M	P	E	H	D	N	N	R
E	S	E	O	T	R	A	N	V	N	D	W	F	S	O
G	A	R	S	C	I	B	I	L	Q	T	Z	O	T	R
O	I	U	O	G	C	T	L	S	A	V	T	D	Q	E
N	R	S	N	D	A	M	R	Z	R	N	T	L	V	R
A	A	A	O	S	M	N	O	E	E	E	H	V	A	O
R	T	L	D	G	F	N	A	I	I	H	P	T	Y	S
L	N	É	O	V	E	T	C	D	C	N	A	H	V	E
L	U	N	C	S	D	O	R	P	O	L	O	W	T	T
N	L	H	U	Q	R	L	L	W	P	S	P	S	R	F
N	O	D	B	T	T	E	D	I	F	I	Q	U	E	B
Z	V	R	A	S	E	T	A	D	Í	R	T	I	M	Y
W	N	U	N	W	T	R	A	S	A	B	S	E	S	K
P	C	L	M	P	R	E	C	I	O	S	A	S	Q	V

105

J	S	E	D	A	D	I	L	I	B	I	S	O	P	L
G	T	S	L	C	E	N	T	É	S	I	M	A	S	K
S	S	N	O	X	Q	N	C	N	B	C	N	E	G	C
A	A	O	H	M	Y	P	D	L	U	Z	J	K	O	O
L	C	Y	P	R	E	H	Y	A	A	R	T	D	F	N
R	U	O	A	R	M	R	R	L	E	M	E	R	I	G
A	D	T	I	M	O	E	E	J	F	R	O	M	C	R
T	A	U	C	M	N	B	A	V	B	L	L	R	I	E
A	O	B	N	T	C	T	I	M	L	T	Q	P	A	G
C	N	I	A	Q	R	Z	A	O	W	O	Z	M	L	A
S	A	R	D	A	W	H	P	H	V	T	V	B	E	C
E	R	T	N	M	I	N	T	E	R	É	S	E	S	I
R	G	T	U	V	C	K	B	T	R	M	D	V	D	Ó
Q	L	N	B	M	E	R	E	I	L	P	M	U	C	N
C	R	R	A	S	E	R	V	I	D	U	M	B	R	E

106

K	S	A	L	L	E	R	T	S	E	K	W	N	T	J
C	W	X	R	E	G	O	C	I	J	A	B	A	N	A
N	A	Í	R	U	D	I	B	A	S	N	D	B	O	I
M	E	D	I	D	A	S	N	N	F	E	C	A	R	C
O	S	C	U	R	E	C	E	U	R	H	N	B	G	N
D	G	G	L	L	L	R	W	R	B	Q	T	A	U	E
X	C	F	X	V	A	K	A	C	S	E	R	L	L	G
Y	R	F	A	L	C	M	R	Á	L	H	S	A	L	I
L	Q	R	U	B	A	E	R	G	R	N	B	G	O	L
G	Ó	G	X	B	A	A	R	B	A	S	E	S	C	E
N	N	C	A	L	G	D	F	R	B	M	K	R	O	T
A	B	H	T	E	H	W	N	X	O	K	K	K	R	N
R	Q	P	L	N	K	N	Z	U	C	J	M	C	D	I
Q	L	L	V	X	D	Y	G	X	F	G	O	D	E	H
T	O	R	B	E	L	L	I	N	O	M	N	W	L	K

107

S	Q	C	H	S	L	R	M	G	P	N	E	O	Z	M
L	E	B	A	Q	A	Y	G	R	L	L	R	R	Q	X
C	R	N	T	M	N	I	O	V	B	P	T	D	M	G
V	E	B	O	Y	P	F	L	D	B	K	N	N	F	C
J	V	H	R	I	E	A	E	I	G	H	E	E	M	O
P	R	J	L	T	C	R	M	M	M	N	I	M	P	N
L	E	Z	A	Y	R	A	O	E	M	A	V	L	T	V
A	I	R	K	I	B	R	N	S	N	D	F	A	L	O
N	H	Z	B	K	U	M	O	Y	A	T	K	H	R	C
T	O	A	L	S	P	N	J	D	Z	H	O	V	X	O
A	R	R	E	T	I	C	L	H	K	T	H	H	K	Z
R	P	R	T	E	S	A	N	T	I	F	I	Q	U	É
R	P	H	R	E	M	T	R	A	C	I	F	I	D	E
A	R	R	U	I	N	A	R	N	J	W	J	L	K	V
R	X	R	N	I	N	C	E	N	S	A	R	O	N	T

108

J	W	G	D	R	I	U	R	T	S	E	D	M	F	V
K	V	C	U	T	W	B	A	I	L	A	R	R	R	K
W	M	Q	K	E	O	D	R	L	N	T	I	K	Y	D
M	B	T	Y	P	R	A	T	R	N	C	R	R	G	Y
M	T	U	M	Q	C	R	C	F	R	C	E	G	Q	L
J	R	E	S	N	Z	Z	A	A	U	R	P	C	H	R
F	I	A	A	C	N	D	P	R	H	A	M	A	Y	Q
T	Q	R	C	D	A	S	A	N	T	H	O	L	R	M
T	R	K	L	I	E	R	A	N	H	C	R	L	A	W
A	T	R	R	T	F	C	T	R	L	E	L	A	Z	W
T	B	L	K	Í	E	I	G	J	L	D	M	R	A	Y
J	C	V	R	R	E	Z	D	N	O	N	X	Q	R	N
G	U	A	R	D	A	R	N	E	R	E	D	K	B	R
L	M	N	F	M	Q	N	R	M	A	F	R	B	A	Y
N	Q	R	A	T	N	A	L	P	R	P	M	V	P	M

109

K	K	R	R	B	C	I	M	P	E	T	U	O	S	A
H	T	B	R	B	W	O	L	M	K	K	C	F	Q	C
C	F	M	S	E	R	L	R	W	P	B	X	U	T	Y
Ó	I	D	A	Y	Z	G	V	R	P	L	E	R	O	K
I	L	S	R	H	N	E	D	L	I	M	Q	T	D	S
D	I	O	E	Q	R	M	G	N	A	E	N	R	O	L
N	S	L	M	D	V	G	A	R	E	E	N	L	A	T
O	T	A	A	H	R	T	O	N	M	Z	O	T	Z	Y
P	E	É	S	V	K	N	E	A	D	D	K	T	E	Z
S	O	D	L	R	R	M	P	T	Í	A	V	Q	L	M
E	S	O	A	M	I	M	Q	Z	M	K	D	R	A	D
R	N	R	B	G	A	O	D	I	G	N	U	O	T	A
X	J	R	O	C	O	N	S	U	L	T	Ó	R	R	V
Y	N	S	M	I	A	F	E	R	G	T	H	Z	O	I
N	O	R	E	I	D	N	E	T	X	E	L	T	F	D

110

S	L	N	M	Q	H	I	G	U	E	R	A	S	L	C
A	T	C	J	M	E	R	C	A	D	E	R	E	S	O
L	S	P	R	O	V	É	E	T	E	N	V	N	M	N
L	E	Q	N	O	R	E	I	M	R	U	D	Z	E	T
E	R	S	O	D	A	L	L	A	V	N	N	C	D	I
R	O	Q	X	T	L	L	I	F	V	R	S	O	I	N
T	T	Z	U	R	V	R	A	D	L	A	Z	I	C	U
S	S	C	R	E	I	S	E	N	Z	F	G	D	I	A
E	A	M	E	S	B	V	O	E	G	P	L	E	N	M
W	P	Y	A	R	O	R	L	G	K	O	H	S	A	E
L	V	R	Y	R	R	A	A	L	I	B	S	A	R	N
L	L	Z	A	Y	T	O	J	D	R	M	Q	T	L	T
R	T	R	R	R	B	N	J	R	U	F	E	R	Ó	E
C	Á	M	O	M	R	G	B	O	H	R	D	N	B	N
J	X	F	B	A	R	R	O	F	S	B	A	C	E	B

111

F	O	R	M	I	D	A	B	L	E	K	T	F	J	M
F	O	Q	L	N	O	C	T	U	R	N	O	S	U	T
L	D	A	S	O	R	U	S	E	R	P	E	L	D	R
Z	N	C	A	L	D	E	O	S	L	T	T	M	E	L
X	E	G	L	D	P	P	K	T	E	I	Y	R	S	T
S	Y	N	R	T	E	K	N	N	P	R	L	E	T	Y
O	U	Á	T	C	R	B	I	L	S	L	V	C	R	M
D	B	C	R	B	U	J	I	O	Z	D	R	O	U	R
R	I	A	B	N	M	C	L	L	I	R	M	G	C	E
A	R	R	M	R	A	L	A	G	I	X	V	E	C	E
P	T	U	W	R	A	P	N	B	V	T	Z	R	I	S
O	A	H	Á	B	B	I	G	K	A	T	A	Á	Ó	O
E	T	N	A	H	D	Q	V	Q	R	H	B	D	N	P
L	T	C	P	A	S	E	C	O	R	E	F	H	A	C
W	C	T	D	F	M	O	L	E	S	T	I	A	Q	K

112

B	L	N	M	C	X	Q	S	A	G	I	P	S	E	P
L	M	U	B	M	T	F	E	J	G	Q	D	L	T	N
P	E	N	S	A	N	T	Í	S	I	M	A	T	B	D
R	M	T	L	M	I	C	W	K	K	D	Q	B	E	C
E	O	A	A	E	K	I	N	C	I	E	N	S	O	S
S	R	D	C	N	V	H	K	Y	R	T	M	O	P	E
E	I	A	K	Z	I	A	D	N	Q	E	N	R	I	R
N	A	S	C	C	N	R	D	Q	N	R	V	J	E	D
T	L	N	O	N	A	K	A	U	O	L	N	T	Z	L
E	Z	W	C	P	N	Z	Z	H	R	T	Ó	F	A	A
S	J	M	I	Q	N	A	U	J	P	A	R	R	S	J
Y	L	L	D	L	D	Y	K	E	P	J	A	Z	P	O
K	C	K	A	O	K	H	N	C	L	J	A	N	R	H
Q	P	R	I	M	I	C	I	A	S	A	X	N	V	N
Y	D	M	A	M	A	S	A	D	A	S	N	H	P	X

113

P	T	R	A	S	I	O	R	N	A	O	Ñ	A	D	Z
Q	P	A	I	C	N	E	L	O	S	N	I	A	P	C
M	L	K	M	T	F	S	I	R	W	U	S	M	R	I
C	E	L	N	I	O	Q	P	D	G	B	A	A	E	E
J	I	N	I	Z	T	R	R	D	Á	G	Z	F	V	N
T	T	T	A	M	E	S	A	R	R	H	E	Q	A	C
K	O	L	K	S	P	T	E	C	A	P	U	K	R	I
B	T	T	T	H	S	I	O	R	J	X	Q	K	I	A
H	E	A	N	I	R	N	E	T	E	V	I	N	C	N
L	D	N	M	M	T	F	H	Z	L	T	R	B	A	N
O	R	A	D	I	M	L	L	B	A	R	V	B	D	T
L	Q	L	E	I	A	V	I	S	A	D	O	D	O	M
Z	K	N	W	Y	T	N	N	G	K	T	T	M	R	K
N	D	R	N	T	N	O	R	D	C	N	Q	C	E	Q
A	E	S	C	A	R	N	E	C	E	D	O	R	S	Y

114

D	D	B	M	O	C	L	I	M	T	R	J	C	Q	B
X	H	G	E	D	A	L	Í	A	S	P	Z	O	V	L
É	W	A	G	S	R	R	L	L	S	W	S	N	T	H
T	R	P	B	K	T	C	Z	A	C	O	T	S	O	J
B	C	A	C	I	U	I	Í	W	D	F	K	U	R	Q
L	L	K	N	S	T	U	A	A	V	E	S	L	E	G
I	Y	R	I	I	Q	A	R	S	M	L	S	T	J	S
D	S	L	P	E	M	R	N	W	H	L	A	A	N	A
Ó	Q	E	Z	K	E	R	J	T	Y	H	Í	R	A	Í
L	D	E	C	T	C	O	E	F	E	Y	N	O	R	R
A	N	L	L	E	S	G	L	T	H	S	O	N	T	A
T	L	X	B	Í	P	N	R	T	X	F	F	N	X	M
R	P	B	A	J	Ó	W	K	C	C	E	O	G	E	A
A	K	S	F	M	K	G	X	F	N	T	S	X	K	Z
S	R	W	A	O	T	S	E	U	P	S	I	D	Z	J

115

R P R E S Q U I L A D O R E S
N K G P R E P A R A D O M G T
K C U A T R O C I E N T O S X
D O S C I E N T O S A S N O S
G B H R E F L E X I O N A O X
T S O T R E I S E D K J D V G
N O O Q R Z A Q R K T N H K W
C R D V N M G C R A A B V K M
A E R P E Z I B A T C C J L N
R J L A K J B O N L N I K N M
M A R N R L A E N D L M M L Z
E S R E J L C S A A P A A O M
L N D S W A D V Z W R B R W S
F E H Z P D I F L G A G T O L
B M L A M D Z G C N L D Z R N

116

T Z R P R I M O G É N I T O S
U R A Z A E L E R N F N S D M
V O N Y T N S L E N O F O E F
I Y G M T A Y G L R N P I S S
E G X R T L I J E M Ú W L C A
R T C I A P C I G L I R I E C
O R V O T C C T W R B W S N E
N E E O N E N D V A A E N D R
L X L U R S C E S M L T E I D
P R J F N M A I N A Q G T E O
F H O T W I N G M T K J U N C
C Z W M T A Ó I R I Z B C T I
D F M G Í N N N N Ó K L K E O
J X Q N N A D A B N N M Q S T
R C O N G R E G A C I Ó N V N

117

C P R O F E T I Z A N B W V E
O O M Q N S A Z N A R E P S E
B V R T R N F V T C X P C T P
S R N R C P I Y R R E O N K O
T T O L Í S P R V N N E J K S
I C K R I A Y M S D M M P K T
N U M Ó U P N A R A F Q Á K R
A M N T R F M I D J K V V L E
C P X O G I J I Y R R D O Z R
I L N T E O V K D N R L H Q O
Ó I N N S E C A B E Z A E J S
N D T E R D D L M K B P J Y J
L O G T D L B R S E C R E T O
S B A A A P E T N E M A L O S
T V H M N W O C U L T A R Á M

118

J A C O B T C Y R L N W C M M
K B P K L S O I C A L A P Q Y
M O D I C E D N A R G N E C N
W T S D W S C N N L V X S Z Y
C R E K T K O I F N K E O P Á
C D L X V N M R K L F T R N R
O E A G N R Y G U R D A E T A
N R P D O M M C A G B G R X T
F E I D I A L T A R E A R B N
I I C P D N A L E C I S E N E
N N N L N A R I U R H G U R C
E I I M Q D H E I V L O G Y A
S V R L N A M S T K I T R X P
R C P X N S A T Q E P A X R A
B B E L É N C N K P F B S F O

119

L X M A R E S A G H M W V P N
R N R X C M B A T A L L A L B
Q Q M Y S O D U C S E P S V W
P C K C G Z Z H F H D S E A W
Y A S T A E B T Y E Q O N C T
R M R E R B G K S P G M E Z R
A E F A P Q A T M H C A G E E
R L S R T O R Ñ A Y N Y Á L S
E L E C E U Í R A V B O M A C
G O F V Y I E T S S L P I V I
C S A Ó N S N A E R M A L E E
J B T C A V Z A M T N W Y R N
N H A Z N N T Y D X T P M P T
P Q B L A M K W T O T T Y J O
J Q K L V K R L S E R R O T S

120

M F N A C I F I N G I S M K N
C O L I V O S P Y D W X N V P
O C P P Y J L D E X W K S Q I
N C I N E O V R L M R E N A E
O X R M M Q E R C K N T E D D
C X O A I C U S Z O P I T R R
E C D T H E A E I L M E R E A
R A S A I R N C Ñ M W C E I L
Á H L O A C A T X E K A I U V
S Y R P B M R T O Q C V V Q N
B D M D A U M É T K P E R Z W
Z Á F L N T T V J L V N S I G
L C C Y G C A N D E L A B R O
M A M H Q Q Z O R O B A B E L
K N T K K O D A T R E P S E D

121

S	N	R	D	I	S	M	I	N	U	I	R	Á	S	D
I	R	N	K	X	F	R	M	Q	A	B	J	Q	A	F
É	O	N	A	M	R	E	H	T	T	E	C	P	N	G
R	H	C	N	M	S	K	N	T	L	X	T	R	T	D
A	X	Z	M	I	F	E	Y	W	L	P	R	Ó	I	A
R	M	G	E	R	U	H	E	B	P	I	O	J	F	T
B	T	T	U	C	P	R	Q	R	M	A	M	I	I	R
M	E	T	N	Y	E	O	M	W	H	C	P	M	C	E
E	O	I	M	I	E	O	S	K	R	I	E	O	A	B
S	C	N	C	Q	V	N	E	E	K	Ó	T	H	R	I
D	F	A	P	C	F	K	G	L	S	N	A	T	É	L
H	N	F	Y	X	G	K	N	A	I	I	W	P	I	S
Y	R	L	T	X	W	V	L	N	Ñ	B	Ó	L	S	O
N	Ú	M	E	R	O	K	Z	L	K	E	U	N	C	Ñ
P	C	R	S	I	É	R	A	G	E	S	R	J	K	A

122

L	P	C	S	E	N	O	I	L	E	B	E	R	W	F
Z	L	R	O	R	N	K	R	A	Q	N	N	S	Y	Q
M	A	Q	Y	H	B	Z	D	N	M	K	P	E	X	A
K	N	Z	L	L	E	A	Q	N	J	L	L	L	K	T
Q	T	R	T	F	R	C	W	M	É	L	Q	A	C	E
T	A	H	O	B	O	P	H	Y	V	R	D	N	A	M
C	S	M	A	S	Y	S	A	O	W	X	O	U	I	O
N	T	L	É	V	N	D	C	V	D	J	R	B	C	C
C	E	X	Z	S	E	E	T	U	N	R	D	I	I	A
O	I	C	D	S	O	N	R	E	R	L	F	R	T	Q
N	S	Q	G	M	F	J	J	P	D	E	J	T	S	M
S	F	M	T	U	G	A	V	B	E	Q	C	R	U	M
U	M	L	E	E	T	N	E	D	U	R	P	E	J	P
M	G	G	L	B	E	E	R	S	E	B	A	B	R	P
A	O	L	A	G	L	I	G	L	J	O	R	I	Ó	N

123

M	E	X	T	E	N	D	I	Ó	G	M	X	R	H	N
Z	A	R	C	A	B	A	L	L	E	R	Í	A	H	Q
N	Y	R	R	R	R	N	Z	T	M	K	K	D	C	E
C	Ó	R	C	L	V	Q	L	T	Q	A	E	M	T	U
N	A	A	Z	H	D	H	W	C	B	S	S	S	C	Q
Ó	L	M	R	R	E	X	M	A	I	L	O	B	O	I
I	T	H	P	A	R	N	R	E	T	I	L	F	L	F
C	H	D	D	A	F	B	R	D	C	Q	I	N	U	I
A	M	H	Q	T	M	T	L	P	J	V	U	T	M	R
V	O	H	R	U	O	E	I	H	Q	B	Q	S	N	O
L	I	W	L	W	W	G	N	P	E	P	N	A	A	L
A	S	A	H	J	E	M	X	T	Z	A	A	U	N	G
S	É	C	K	C	B	M	C	M	O	D	R	G	X	R
H	S	K	L	A	T	N	E	I	R	O	T	A	N	R
O	L	E	D	Í	V	I	D	D	K	T	G	N	V	H

124

N	M	L	E	V	A	N	T	E	R	R	A	S	R	O
K	Y	T	C	U	B	R	E	N	J	T	E	Y	S	L
J	O	I	B	R	E	B	O	S	S	D	Y	O	F	M
L	V	M	P	A	P	G	R	U	A	M	Z	H	E	K
T	S	V	R	I	X	Q	J	D	F	N	P	N	W	W
K	E	V	A	C	V	N	U	N	O	N	M	M	S	D
T	N	K	L	N	I	I	Á	G	K	A	G	A	P	E
F	O	M	U	A	C	S	R	R	D	N	R	W	Q	U
B	I	R	M	N	D	E	A	E	A	C	X	W	C	D
S	C	X	U	A	V	E	R	L	A	G	R	M	N	O
A	A	F	C	G	L	A	S	S	B	R	I	F	K	R
N	N	T	A	J	D	Q	M	P	Q	A	O	T	R	E
G	T	J	Y	O	K	O	R	Y	O	G	T	B	A	S
R	V	W	G	C	S	X	N	G	L	J	M	M	O	F
E	M	M	E	C	E	L	L	U	G	R	O	N	E	S

125

W	A	N	L	N	R	M	Z	C	T	Q	Q	L	E	N
B	D	I	Ó	Q	S	E	R	A	G	A	L	T	Z	Á
E	B	E	V	I	W	Y	H	T	Q	L	R	Z	Q	R
T	R	R	S	U	C	L	N	N	R	O	K	G	C	A
A	O	O	M	I	L	I	P	B	N	Y	N	R	C	S
R	R	L	P	N	E	L	R	M	Y	S	R	A	S	O
G	U	J	P	R	N	R	X	D	E	D	K	N	A	B
É	G	T	C	Ó	O	H	T	L	U	R	Y	D	L	E
L	A	F	T	H	I	B	A	A	V	P	T	E	L	R
A	Z	L	H	G	P	M	I	K	R	C	M	S	I	Q
K	A	V	U	P	I	L	J	O	J	M	H	H	V	D
S	Y	E	A	N	O	C	C	I	D	E	N	T	A	L
R	R	N	A	R	G	G	R	X	N	M	Y	W	R	F
A	V	E	R	G	O	N	Z	A	D	O	R	G	A	R
L	W	S	O	T	S	A	P	K	V	X	W	R	M	Z

126

C	N	X	C	A	B	A	L	L	O	S	L	Y	E	S
T	O	A	R	U	D	N	O	H	N	K	N	S	E	S
N	Q	N	N	A	T	N	E	T	E	S	C	B	O	O
Q	U	W	S	X	M	M	Y	W	Z	O	A	T	H	M
K	I	K	J	O	T	S	Y	P	G	T	R	T	S	I
H	E	Q	N	Q	L	D	A	E	L	I	M	A	T	C
L	T	K	Y	N	M	A	R	D	M	O	Í	Q	M	É
Z	A	T	C	O	T	Á	D	F	A	U	M	J	T	D
L	O	V	E	R	O	S	F	O	Q	S	G	A	P	N
Á	K	D	J	A	L	G	Q	E	R	T	O	C	D	U
V	F	A	N	V	P	L	R	G	X	A	N	P	M	A
O	T	R	B	A	G	E	M	O	L	N	S	J	E	R
H	K	Í	J	R	B	T	W	N	D	M	Z	N	G	R
E	P	O	H	G	X	K	K	L	N	D	R	M	M	K
J	N	L	Z	A	C	A	R	Í	A	S	I	T	X	Y

• Proverbios 15:1-8

La blanda respuesta quita la ira;
Mas la palabra áspera hace subir el furor.
La lengua de los sabios adornará la sabiduría;
Mas la boca de los necios hablará sandeces.
Los ojos de Jehová están en todo lugar,
Mirando a los malos y a los buenos.
La lengua apacible es árbol de vida;
Mas la perversidad de ella es quebrantamiento de espíritu.
El necio menosprecia el consejo de su padre;
Mas el que guarda la corrección vendrá a ser prudente.
En la casa del justo hay gran provisión;
Pero turbación en las ganancias del impío.
La boca de los sabios esparce sabiduría;
No así el corazón de los necios.
El sacrificio de los impíos es abominación a Jehová;
Mas la oración de los rectos es su gozo.

¡Dios Tiene Buenas Noticias para Ti!

Dios creó a los humanos para vivir en el paraíso y tener comunión con Él.

Y creó Dios al hombre a su imagen, a imagen de Dios lo creó; varón y hembra los creó. (Gen. 1:27)

Pecamos y esto nos separó de Dios, que es santo.

...por cuanto todos pecaron, y están destituidos de la gloria de Dios, (Rom. 3:23)

Porque la paga del pecado es muerte... (Rom. 6:23a)

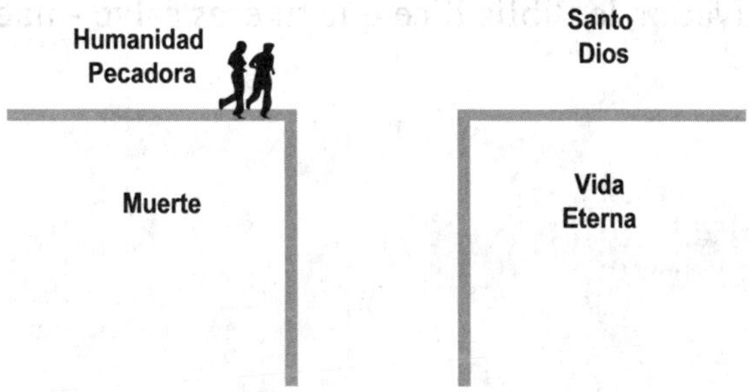

Porque Dios nos ama, hizo un camino para que nosotros volvieramos a Él.

Mas Dios muestra su amor para con nosotros, en que siendo aún pecadores, Cristo murió por nosotros. (Rom. 5:8)

...mas la dádiva de Dios es vida eterna en Cristo Jesús Señor nuestro. (Rom. 6:23b)

Jesús le dijo: Yo soy el camino, y la verdad, y la vida; nadie viene al Padre, sino por mí. (Jn. 14:6)

¡PODEMOS VOLVER A ÉL HOY!

Porque de tal manera amó Dios al mundo, que ha dado a su Hijo unigénito, para que todo aquel que en él cree, no se pierda, mas tenga vida eterna. (Jn. 3:16)

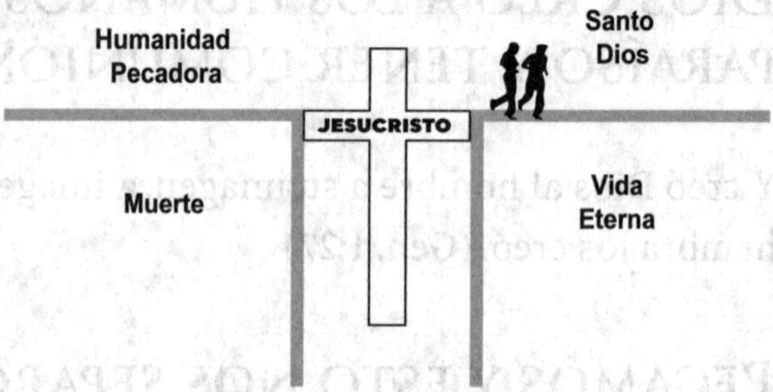

De cierto, de cierto os digo: El que oye mi palabra, y cree al que me envió, tiene vida eterna; y no vendrá a condenación, mas ha pasado de muerte a vida. (Jn. 5:24)

Si has orado confesando tus pecados y crees que Jesús es tu Señor y Salvador, la Biblia dice que tu eres salvo - nacido de nuevo.

• Salmos 27:4-10

Una cosa he demandado a Jehová, esta buscaré;
Que esté yo en la casa de Jehová todos los días de mi vida,
Para contemplar la hermosura de Jehová, y para inquirir en su templo.
Porque él me esconderá en su tabernáculo en el día del mal;
Me ocultará en lo reservado de su morada;
Sobre una roca me pondrá en alto.
Luego levantará mi cabeza sobre mis enemigos que me rodean,
Y yo sacrificaré en su tabernáculo sacrificios de júbilo;
Cantaré y entonaré alabanzas a Jehová.
Oye, oh Jehová, mi voz con que a ti clamo;
Ten misericordia de mí, y respóndeme.
Mi corazón ha dicho de ti: Buscad mi rostro.
Tu rostro buscaré, oh Jehová;
No escondas tu rostro de mí.
No apartes con ira a tu siervo;
Mi ayuda has sido.
No me dejes ni me desampares, Dios de mi salvación.
Aunque mi padre y mi madre me dejaran,
Con todo, Jehová me recogerá.